中宣部 2020 年主题出版重点出版物

人民英雄纪念碑
碑文习字帖

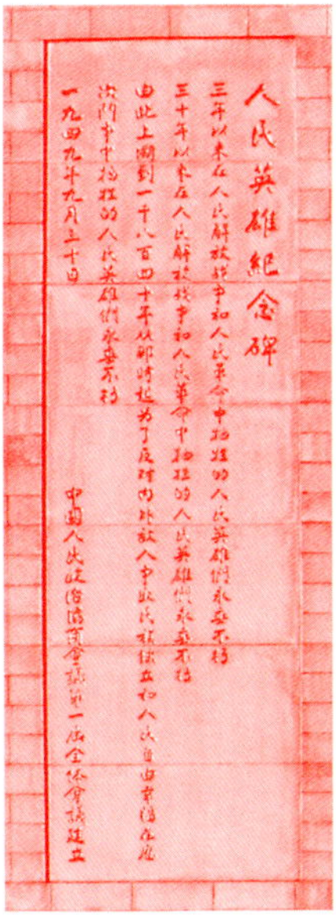

毛主席撰写碑文

周总理手书，反复对比、琢磨，前后练习四十多遍

文章与书法完美结合的范例

山东人民出版社

人	人	人	人					
民	民	民	民					
英	英	英	英					
雄	雄	雄	雄					
纪	纪	纪	纪					
念	念	念	念					
碑	碑	碑	碑					
碑	碑	碑	碑					
文	文	文	文					
三	三	三	三					

年	年	年	年						
以	以	以	以						
来	来	来	来						
在	在	在	在						
人	人	人	人						
民	民	民	民						
解	解	解	解						
放	放	放	放						
战	战	战	战						
争	争	争	争						

和	和	和	和					
人	人	人	人					
民	民	民	民					
革	革	革	革					
命	命	命	命					
中	中	中	中					
牺	牺	牺	牺					
牲	牲	牲	牲					
的	的	的	的					
人	人	人	人					

民	民	民	民						
英	英	英	英						
雄	雄	雄	雄						
们	们	们	们						
永	永	永	永						
垂	垂	垂	垂						
不	不	不	不						
朽	朽	朽	朽						
三	三	三	三						
十	十	十	十						

年	年	年	年						
以	以	以	以						
来	来	来	来						
在	在	在	在						
人	人	人	人						
民	民	民	民						
解	解	解	解						
放	放	放	放						
战	战	战	战						
争	争	争	争						

和	和	和	和						
人	人	人	人						
民	民	民	民						
革	革	革	革						
命	命	命	命						
中	中	中	中						
牺	牺	牺	牺						
牲	牲	牲	牲						
的	的	的	的						
人	人	人	人						

民 民 民 民

英 英 英 英

雄 雄 雄 雄

们 们 们 们

永 永 永 永

垂 垂 垂 垂

不 不 不 不

朽 朽 朽 朽

由 由 由 由

此 此 此 此

上	上	上	上						
溯	溯	溯	溯						
到	到	到	到						
一	一	一	一						
千	千	千	千						
八	八	八	八						
百	百	百	百						
四	四	四	四						
十	十	十	十						
年	年	年	年						

从	从	从	从						
那	那	那	那						
时	时	时	时						
起	起	起	起						
为	为	为	为						
了	了	了	了						
反	反	反	反						
对	对	对	对						
内	内	内	内						
外	外	外	外						

敌	敌	敌	敌						
人	人	人	人						
争	争	争	争						
取	取	取	取						
民	民	民	民						
族	族	族	族						
独	独	独	独						
立	立	立	立						
和	和	和	和						
人	人	人	人						

民	民	民	民					
自	自	自	自					
由	由	由	由					
幸	幸	幸	幸					
福	福	福	福					
在	在	在	在					
历	历	历	历					
次	次	次	次					
斗	斗	斗	斗					
争	争	争	争					

中	中	中	中					
牺	牺	牺	牺					
牲	牲	牲	牲					
的	的	的	的					
人	人	人	人					
民	民	民	民					
英	英	英	英					
雄	雄	雄	雄					
们	们	们	们					
永	永	永	永					

垂	垂	垂	垂						
不	不	不	不						
朽	朽	朽	朽						
一	一	一	一						
九	九	九	九						
四	四	四	四						
九	九	九	九						
年	年	年	年						
九	九	九	九						
月	月	月	月						

三	三	三	三						
十	十	十	十						
日	日	日	日						
中	中	中	中						
国	国	国	国						
人	人	人	人						
民	民	民	民						
政	政	政	政						
治	治	治	治						
协	协	协	协						

商	商	商	商						
会	会	会	会						
议	议	议	议						
第	第	第	第						
一	一	一	一						
届	届	届	届						
全	全	全	全						
体	体	体	体						
会	会	会	会						
议	议	议	议						

建	建	建	建						

立	立	立	立						

人民英雄纪念碑碑文

三年以来，在人民

解放战争和人民革命

中牺牲的人民英雄们

永垂不朽！

三十年以来，在人

民解放战争和人民革

命中牺牲的人民英雄

们永垂不朽！

由此上溯到一千

八百四十年，从那时起，

为了反对内外敌人，争

取民族独立和人民自由幸福，在历次斗争中牺牲的人民英雄们永垂不朽！

一九四九年九月三十日

		中	国	人	民	政	治	协

商	会	议	第	一	届	全	体	会

议	建	立						

人民英雄紀念碑

三年以来在人民解放战争和人民革命中牺牲的人民英雄們永垂不朽

三十年以来在人民解放战争和人民革命中牺牲的人民英雄們永垂不朽

由此上溯到一千八百四十年从那時起为了反对内外敌人争取民族独立和人民自由幸福在歷次鬥争中牺牲的人民英雄們永垂不朽

一九四九年九月三十日

中國人民政治協商會議第一屆全体會議建立

敬读碑文，重温苦难辉煌的历史；

摹写碑文，感受文字背后的力量；

不忘初心，牢记使命，砥砺前行再出发。

为了新中国

革命烈士纪念碑
碑文敬读

学习时报编辑部 编

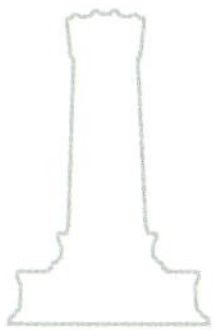

山东人民出版社·济南
国家一级出版社 全国百佳图书出版单位

前　言

为了建立新中国，成千上万的革命烈士献出了宝贵的生命。为缅怀他们的英雄事迹，新中国成立后，各地陆续矗立起一座座丰碑，所刻碑文让革命烈士的英雄事迹一代代流传。自2019年5月10日起，《学习时报》专门开辟“为了新中国——革命烈士纪念碑碑文敬读”专栏，陆续刊发人民英雄纪念碑等全国各地纪念碑碑文敬读文章，在读者中引起强烈反响。为了让更多当代人了解碑文背后丰富的革命历史内涵，弘扬先烈身上承载的伟大民族精神，现将专栏文章结集出版，本书是该专栏结集的第一本。

在中国，革命烈士纪念碑是一个特别的存在。她不仅深藏着历史的符号，还珍藏着新中国诞生、成长的特殊记忆。在中国共产党领导中国人民团结奋斗的百年征程中，无数革命先烈用鲜血诠释了对党的无限忠诚，将自己的一切奉献给了人民幸福和民族复兴的初心使命，奉献给了共产主义远大理想。他们的事迹和精神，已经成为中华民族和中国人民的宝贵财富，成为红色基因的重要组成部分。正如1949年新中国诞生之前毛泽东的深情追忆：“无数先烈的鲜血，洒遍了锦绣山河；亿兆后起的人民，表现了英雄气概。”

为人民英雄们立碑，是后来者对先烈的纪念和尊崇，更是对先贤的深情缅怀，对使命的庄严宣誓。从五十多人到九千一百多万人，党的队伍在发展壮大。逝者可追，来者绵长，不变的是传递烈士们念兹在兹的初心，今天共产党人仍然心心念念并时刻践行的使命。

习近平总书记对革命先烈怀有发自内心的真挚感情，一直把弘扬先烈精神作为推动实现“两个一百年”奋斗目标，实现中华民族伟大复兴的中国梦的精神动力。他多次瞻仰革命烈士纪念地表示敬意，号召全体党员以先烈先辈为榜样，始终做到初心如磐、使命在肩，谆谆嘱咐：“无数的先烈鲜血染红了我们的旗帜，我们不建设好他们所盼望向往、为之奋斗、为之牺牲的共和国，是绝对不行的。”

丰碑永恒，一座座革命烈士纪念碑巍然高耸的背后是绵远流长的中国文化。碑文是纪念碑的核心和灵魂，是中国近现代革命斗争历史的浓缩，反映了中国人民争取民族独立和自由幸福的历史，是中国人民和中华民族站起来的真实记录。丰碑有格，一个有希望的民族不能没有英雄，一个有前途的国家不能没有先锋。这些纪念碑的碑文，言简意赅地记述了烈士的事迹，深入浅出地弘扬了烈士的精神。其中最为著名的，莫过于新中国的“第一碑”——屹立于天安门广场的人民英雄纪念碑，由毛泽东起草、周恩来手书的碑文，表达了对人民英雄的敬仰怀念，总结了近代以来中国人民抗争奋斗的苦难辉煌。

读碑文，观碑意，品碑铭，我们发现中华民族最闪亮的坐标，对历史更生敬意，对烈士更生敬爱。今天，中国正在发生日新月异的变化，我们比历史上任何时期都更加接近实现中华民族伟大复兴的目标。实现我们的目标，需要英雄，需要英雄精神。

积极投身中国特色社会主义新时代的历史洪流，以洪荒之力实现中华民族的伟大复兴，是对革命先烈的最好纪念，也正是我们重温烈士碑文的价值所在。

谨以此书献给中国共产党百年华诞！

目 录

人民英雄永垂不朽

——人民英雄纪念碑碑文敬读

人民英雄纪念碑屹立在天安门广场中心，纪念碑分碑身、须弥座和台基三个部分。纪念碑碑身正面镌刻着毛泽东题写的“人民英雄永垂不朽”八个鎏金大字，背面镌刻着由毛泽东起草、周恩来题写的碑文，碑文全文如下：

三年以来，在人民解放战争和人民革命中牺牲的人民英雄们永垂不朽！

三十年以来，在人民解放战争和人民革命中牺牲的人民英雄们永垂不朽！

由此上溯到一千八百四十年，从那时起，为了反对内外敌人，争取民族独立和人民自由幸福，在历次斗争中牺牲的人民英雄们永垂不朽！

一九四九年九月三十日

中国人民政治协商会议第一届全体会议建立

碑文是纪念碑的核心和灵魂。人民英雄纪念碑碑文是中国近现代革命斗争历史的浓缩，反映了中国人民争取民族独立和自由幸福的历史，是中国人民和中华民族站起来的真实记录，具有丰富的历史内涵与精神价值。

毛泽东、周恩来为人民英雄纪念碑撰写碑文

1949年9月30日，就在举行开国大典的前一天，中国人民政治协商会议第一届全体会议决定，为了纪念在人民解放战争和人民革命中牺牲的人民英雄，在首都北京修建一座人民英雄纪念碑。当天下午六时，毛泽东率领全体代表，在天安门广场举行了纪念碑的奠基典礼。周恩来代表主席团致辞时说："我们中国人民政治协商会议第一届全体会议为号召人民纪念死者，鼓舞生者，特决定在中华人民共和国首都北京建立一个为国牺牲的人民英雄纪念碑。"致辞之后，全体代表静默致哀，气氛悲壮而肃穆。毛泽东宣读了纪念碑的碑文，之后又亲手执锹，挖下了第一锹土，接着全体代表挥锹铲土。至此，人民英雄纪念碑正式奠基。

为了建好这座纪念碑，周恩来提议成立人民英雄纪念碑兴建委员会。该委员会于1952年5月10日正式成立，负责具体建设工作。在建设过程中，碑文的重要作用就显现出来了。因为，在中国的建筑传统中，竖立石碑的习俗最为源远流长。石碑的特点是"以文勒石"，以文"述德""铭功""记事"，流传久远。这种带

人民英雄纪念碑

人民英雄纪念碑碑文

有碑文题字、展现书法艺术的建筑类型，具有鲜明的民族风格。于是，兴建委员会便拟请毛泽东和周恩来题写碑文。

1955年6月9日，毛泽东为纪念碑题写了八个大字“人民英雄永垂不朽”。周恩来负责书写毛泽东在全国政协第一届全体会议上起草，并在纪念碑奠基仪式上宣读的碑文。

为了写好这篇碑文，周恩来极为严肃认真。当年他每天晨起的第一件事就是要写一遍碑文，白天工作忙，就每天晚上再次练习书写。他先练习书写碑文中的每一个字，反复对比、琢磨。然后再练习通篇连贯书写，前后整整用了一周的时间，写了四十多遍，最后挑选出他认为最满意的一幅。这幅手稿，字迹既秀美隽永，又不失刚劲有力，显得严谨而流畅。写好后，他把碑文手稿整齐折好，亲自送到人民英雄纪念碑建设工地，并谦虚地说“不行再重写”。

碑文的思想主题：概述奋斗历史，缅怀人民英雄

这篇简短的碑文，倾注了人们对人民英雄光辉业绩的深切缅怀，突显出“纪念死者，鼓舞生者”的建碑主题，高度概括了中国一百多年来革命历史的全貌，全面系统地勾勒出不同时期人民革命的斗争历程，既为整座纪念碑奠定了思想基础，也为纪念碑的设计和建设确定了时代主题。

首先，概括梳理了自近代以来中国人民为争取国家独立和

人民解放而不断奋斗的光辉历史。碑文中“三年以来”是指解放战争时期，即1946—1949年的革命历史；“三十年以来”是指以五四运动为开端的新民主主义革命时期，即1919—1949年的整段历史；“上溯到一千八百四十年”是指以鸦片战争为起点的整个中国民主主义革命奋斗历史。三个不同历史时段，彼此呼应，由近及远，展现出一幅近代中国波澜壮阔的革命历史画卷。其中贯穿着一条主线，这就是：为实现民族独立和人民解放，国家繁荣强盛和人民共同富裕，一代又一代仁人志士和人民群众为救亡图存而英勇奋斗、艰辛探索的历史，是全国各族人民在中国共产党领导下，经过新民主主义革命，赢得民族独立和人民解放的历史。碑文的核心正是抓住了这一主线，进而揭示出近代革命斗争的本质规律，展现出历史发展的必然趋势。

其次，由近及远，立足解放战争，彰显中国共产党领导革命取得伟大胜利的时代特征。碑文独特的叙述方式也颇值得研究。它没有按时间先后顺序从远及近来写，而是首先从解放战争写起，然后是五四运动，最后追溯到1840年的鸦片战争。这是为什么呢？因为，这正符合中国革命的发展规律。面对苦难，中国人民没有屈服，而是挺起脊梁、奋起抗争，以百折不挠的精神，进行了气壮山河的斗争，谱写了可歌可泣的壮丽史诗。真正能担负起民族独立和人民解放历史使命的就是中国共产党。中国共产党自成立之日起，在波澜壮阔的历史进程中，掀起了一场前所未有的彻底的反帝反封建的民主革命，经历过一次又一次血与火的考验。

从大革命失败到井冈山的星火燎原，从第五次反“围剿”失败到万里长征后在抗日烽火中再起，从反击国民党的全面内战到五星红旗在天安门广场冉冉升起，“雄关漫道真如铁，而今迈步从头越”。正如习近平总书记指出的，“中国共产党的历史是中国近现代以来历史最为可歌可泣的篇章”，“实现中华民族伟大复兴，实现国家富强、民族振兴、人民幸福，是孙中山先生的夙愿，是中国共产党人的夙愿，也是近代以来中国人的夙愿”。

碑文的风格与气魄

一是博大雄浑，气势如虹。凡是读过毛泽东文章的人，都能感受到他那种高屋建瓴、大气磅礴的风格与气势，这种气势在他一生的文章中是贯彻始终的。这篇碑文就是一例。通篇语言气贯长虹，一泻千里，具有革命英雄主义的博大气象。碑文由周恩来手书。两位伟人的文章、书法完美结合，镌刻在人民英雄纪念碑上，人民英雄纪念碑真可谓中国最大的一座“双绝碑”。

二是论从史出，点石成金。在碑文中，毛泽东从三段历史中提炼出最终的评价，浓缩成一句话，即“人民英雄们永垂不朽”，从而使这句话成为经典，具有了普遍性、永恒性的意义。而且，碑文内容阐明了“人民英雄”“永垂不朽”的评价标准：为国家和人民解放事业而壮烈牺牲的人，应永载史册！

三是突出强调“人民中心”理念。毛泽东的“人民，只有人民，才是创造世界历史的真正动力”这一光辉思想，很好地体现在碑文中，具有强烈的思想感染力和语言魅力。他连续用了三次“人民英雄们永垂不朽”，以加强语气，强调重点，就是为了纪念无数的革命先烈，纪念他们为了中国人民过上幸福生活而不惜抛头颅、洒热血，讴歌这种大无畏的革命精神，就是彰显民族精神的最好体现。

人民英雄纪念碑碑文，全面概述鸦片战争以来中华民族浴血奋斗的艰辛历程，反映了继承先烈遗志、鼓舞人民的价值追求，是记述近代中国人民争取民族独立和解放、人民幸福和国家繁荣富强的体现，不仅镌刻在纪念碑上，也永远铭记在人民心中。

（作者：孙希磊）

丰碑永驻大别山

——鄂豫皖苏区首府烈士陵园革命烈士纪念碑题词敬读

2019年9月16日，习近平总书记来到河南省新县考察调研。他首先来到鄂豫皖苏区首府烈士陵园，瞻仰革命烈士纪念碑、纪念堂，远眺英雄山上“红旗飘飘”主题雕塑。在纪念碑前，习近平总书记向革命先烈敬献花篮并行鞠躬礼，深情缅怀为革命胜利献出宝贵生命的英雄儿女。在纪念堂内，习近平总书记听取革命烈士事迹介绍，高度评价他们的贡献。他强调，这次考察第一站就是鄂豫皖苏区首府烈士陵园，目的是在庆祝新中国成立70周年之际，缅怀革命先烈，告慰革命英灵：“我每次到革命老区考察调研，都去瞻仰革命历史纪念场所，就是要告诫全党同志不能忘记红色政权是怎么来的、新中国是怎么来的、今天的幸福生活是怎么来的，就是要宣示中国共产党将始终高举红色的旗帜，坚定走中国特色社会主义道路，把先辈们开创的事业不断推向前进。”

鄂豫皖苏区首府烈士陵园革命烈士纪念碑于1957年落成，碑身为五棱柱形，花岗岩和钢筋混凝土结构。高13.1米，象征大别山地区130351名在册烈士。

纪念碑正面是朱德题写的八个大字：革命烈士永垂不朽。碑身另外几面还有许世友题写的“继承革命先烈遗志为实现共产主义而奋斗”、被誉为“坚持大别山斗争的一面红旗”的刘名榜题写的“烈士们以鲜血写下了不朽的诗篇　用身躯铺平了大别山人民革命的道路　烈士们可歌可泣的英勇史迹万古长存”、烈军工属的题词“烈士们英勇奋斗的精神和创造的事业永恒地光辉地照耀在人们的心灵中与历史的篇幅上”等。

这些题词缅怀了大别山革命先烈的丰功伟绩，颂扬了他们英勇奋斗的革命精神，表达了人们继承先烈遗志，不忘初心使命，实现崇高理想的坚定决心。

大别山革命先烈“可歌可泣的英勇史迹万古长存”

大别山地跨湖北、河南、安徽三省，是一片红色的土地。在长期的革命战争中，大别山军民在党的领导下，浴血奋战、前仆后继，革命斗争不断、革命火种不灭，创造了“二十八年红旗不倒”的奇迹。

建党初期，这里是我党的重要建党基地，党的一大代表董必武、陈潭秋等来自大别山区。1921年11月，陈潭秋在其家乡黄冈建立了全国最早的农村党组织——中共陈策楼、八斗湾党

鄂豫皖苏区首府烈士陵园革命烈士纪念碑（鄂豫皖苏区首府烈士陵园　供图）

小组。自此，大别山地区的党组织纷纷建立起来，工农运动迅猛发展。

土地革命战争时期，这里先后爆发了黄（安）麻（城）、商（城）南（邑）、六（安）霍（山）三大武装起义，创建了以新集为首府的鄂豫皖革命根据地，先后走出了红四方面军、红二十五军、红二十八军三支红军主力部队。鼎盛时期，根据地面积扩展到4万余平方公里，人口350万，主力部队4.5万余人，成为仅次于中央苏区的全国第二大根据地。

三年游击战争时期，红二十八军作为南方八省中唯一保留军级建制的红军队伍，艰苦转战四十五个县，牵制国民党十七万正规军，有力支持了红军的长征，鄂豫皖边游击区成为南方八省中面积最大的游击区。

抗日战争时期，由红二十八军改编的新四军第四支队，在安徽蒋家河口打响了新四军对日抗战的第一枪。新四军第五师在这里开辟了豫鄂边抗日根据地，面积曾扩展到九万平方公里，成为华中抗战的中流砥柱。

解放战争时期，1946年6月，李先念等带领部队从这里实施中原突围，揭开了解放战争的序幕。1947年8月，根据党中央和毛泽东的战略部署，刘邓大军在陈粟、陈谢大军的配合下，挥师南征，千里跃进大别山，重建大别山根据地，实现了解放战争由战略防御到战略进攻的伟大历史转折。

大别山是红军的摇篮、将军的故乡，见证了中国革命的完整历程，为中国革命事业建立了彪炳史册的功勋。

大别山革命先烈“以鲜血写下了不朽的诗篇”

革命战争年代，大别山人民坚持革命斗争，为新中国的诞生作出了巨大牺牲。从1921年至1949年，大别山区军民为革命牺牲了近百万人，在册革命烈士就有130351人，当时不足10万人的经扶县（今新县），先后就有5.5万人为革命献出生命。

1927年冬，黄麻起义二十一天后，黄安失守。反动地主清乡团勾结敌军一个营，进犯起义策源地之一的箭厂河地区，疯狂镇压革命群众。敌人把当地一块不足三十平方米的稻田当作刑场，在不到两个月的时间里，先后屠杀了共产党员和革命群众三百多人。从这之后，再也没有人在这块田里种庄稼，群众把这块被烈士鲜血浸透的稻田称为“红田”。红二十五军长征后，国民党用十七万军队对根据地进行“清剿”，敌人喊着“有民即有匪，民尽匪尽”等血腥口号，纵兵烧杀抢掠，所到之处，一片废墟，以当时经扶县卡房为中心，方圆九十里几乎成了“无人区”。

黄麻起义总指挥潘忠汝，在保卫黄安县城战斗中六次进出城门，指挥部队突围。当他第七次掩护战友往外冲锋时，不幸腹部中弹，壮烈牺牲。鄂豫皖根据地创始人之一的吴焕先，一家六口人被国民党反动民团杀害。他担任红二十五军军长时，他的母亲和他怀孕四个月的妻子相继饿死。为策应党中央和中央红军北上，他在甘肃泾川四坡村战斗中壮烈牺牲。

大别山村村有烈士、户户有红军，山山埋忠骨、岭岭铸忠魂。无数革命先辈面对屠刀不改色、屡遭挫折终不悔，哪怕以鲜血和生命为代价，仍然义无反顾、一往无前，他们倒下去的是英雄的身躯，树起来的是一座座精神的丰碑。

大别山革命先烈“英勇奋斗的精神”光耀千秋

伟大的斗争孕育了伟大的精神。大别山苦难辉煌的历史培育和承载了以“坚守信念、胸怀全局、团结奋进、勇当前锋”为主要内涵的大别山精神，成为中华民族的宝贵精神财富。

坚守信念。革命战争年代，大别山人民始终坚守共产主义信念，始终坚信只有共产党才能拯救中国，始终怀着对中华民族美好明天的无限向往。一批批共产党人和革命群众不惜抛头颅、洒热血，为了实现理想信念，牺牲一切、奉献一切。豫东南革命根据地党和红军的创始人之一詹谷堂，面对敌人的刑讯逼供、威逼利诱，大义凛然，高呼：“你杀了我詹谷堂，灭不了共产党！”“天上有多少星星，地上就有多少共产党员！”最后英勇牺牲。不计其数的共产党人在大别山区英勇就义。他们面对生死考验坚贞不屈、从容就义，这源于他们对党的事业、对共产主义有着坚定的理想信念。

胸怀全局。解放战争初期，李先念率领六万余人的部队，坚守在大别山，牵制三十万敌军十个多月，有力地策应了其他解放区的斗争，为中共中央向北发展、向南防御的战略部署赢得了极其宝贵的时间。1946年6月23日，中央指示：立即突围。在突围前的高级干部会议上，李先念说："为了全局胜利，只要对革命有利，哪怕是中原部队全部牺牲，包括牺牲我李先念的生命也是值得的！"毛泽东评价中原突围不是一个局部的胜利，它"关系全局甚大"。正是大别山军民这种牺牲小我、成就大我的奉献精神和全局意识，保证了人民军队在革命斗争进程中创造了一个又一个辉煌的战绩。

团结奋进。大别山革命斗争能够长期坚持下来，与革命时期大别山军民团结一心、水乳交融密切相关。黄安战役历时四十三天。数万群众组成担架队、运输队、救护队、送饭队、洗衣队不分昼夜地为红军进行战地服务，各地捐赠的粮食、衣服和慰问品源源不断地送到前线战场上。当时流行的一首歌谣生动地再现了这种军民齐上阵的情景："小小黄安，人人好汉；铜锣一响，四十八万；男将打仗，女将送饭。"广大群众倾其所有支持大军，冒着生命危险救护伤病员。正是由于军民同心、团结奋斗，刘邓大军很快在大别山站稳了脚跟，胜利地完成了党中央"大举出击、经略中原"的战略任务。

勇当前锋。在中国革命的重要关头，大别山革命军民始终敢打敢拼、冲锋在前。1934年11月16日，红二十五军全体将士作为“北上先锋”，高举“中国工农红军北上抗日第二先遣队”的旗帜，以不足三千人的兵力孤军北上，冲破国民党军队的围追堵截，历经无数次恶战、血战，于1935年9月率先到达陕北，为党中央把中国革命的大本营建在陕北立下了特殊的功勋。毛泽东称赞红二十五军为“中央红军之向导”。

（作者：赵建玲）

铭印华东革命烈士的丰功殊勋

——华东革命烈士陵园革命烈士纪念塔碑文敬读

革命烈士纪念塔，位于山东省临沂市华东革命烈士陵园内。塔身正面是毛泽东题写的“革命烈士纪念塔”七个贴金大字，亭式塔台内正面石碑上镌刻着山东省人民政府建塔碑文。碑文如下：

自一九二五年第一次大革命到一九四九年山东全境解放的二十五年间，我们的革命先烈——中华民族的优秀儿女，有的在秘密工作中教育群众、领导群众对国民党反动统治作坚决的斗争，因被捕而慷慨就义；有的在八年抗日战争与四年的解放战争中，英勇战斗杀身成仁。不论革命的高潮与低潮时期，在山东的革命战士配合全国的革命健儿在毛主席、中国共产党的英明领导下艰苦奋斗、前仆后继，卒能以英雄的碧血，争取到今天人民大革命的全国胜利。此种伟大的高度的革命英雄主义，其丰功殊勋，铭印在我们千百万人民的脑海里，子孙万代，永世不忘。本省特于

济南、青岛、徐州、烟台、临沂建塔建堂五处，以志纪念，藉表先烈绩业于万一。

山东省人民政府

一九五零年七月一日

碑文主题鲜明、行文朴实、意蕴深远，至今仍给人以教育和启迪。

毛泽东亲自题写“革命烈士纪念塔”塔名

华东革命烈士陵园是为纪念自第一次大革命时期至解放战争时期，华东地区牺牲的革命先烈而修建的大型纪念性建筑群和纪念园林。1949年2月，由中共中央华东局提议，山东省人民政府决定在临沂兴建大型烈士陵园。同年4月华东革命烈士陵园奠基，次年主体工程相继落成。主体建筑由革命烈士纪念塔、革命烈士纪念堂、抗日战争纪念馆和解放战争纪念馆等组成，由著名建筑学家梁思成主持设计，整体布局为中轴对称式，风格为仿古建筑。1986年10月，华东革命烈士陵园被国务院列为第一批“全国重点烈士纪念建筑物保护单位”。

革命烈士纪念塔是华东革命烈士陵园的标志性建筑，于1949年4月28日奠基，1950年5月1日落成，毛泽东亲笔题写塔名：“革命烈士纪念塔”。革命烈士纪念塔位于陵园中心位置，与南大门、纪念堂、北大门在同一中轴线上，与革命烈士纪念堂一起，为陵园初建时的两大主体建筑。塔高45米，塔的建筑形式为五角亭柱式（亦称“五角立体塔型”），由花岗石、石灰石、钢骨水泥构成，分为塔台、塔身、塔顶三部分。塔顶缀以大型景泰蓝质红五星。塔周镶有大小石碑十块，镌刻着山东省人民政府建塔碑文和刘少奇、朱德、邓小平等党和国家领导人的题词。在题词碑的上方镶有五幅石质浮雕，反映了抗日战争的伟大胜利以及消灭国民党军整编第七十四师的战斗场景。十根石柱的顶端，塑有十组工农兵青妇“支前拥军”“站岗生产”“参军参战”“支援战争”的人物形象。整个革命烈士纪念塔的构造，突显了“战争是人民的战争，战争的胜利是人民的胜利”的鲜明主题。

“艰苦奋斗、前仆后继”的革命斗争

以临沂为中心的沂蒙山区，有着光荣的革命传统，被誉为“山东小延安”。早在1927年至1929年就点燃了革命烽火，建立起了中国共产党的组织，并于1932年至1933年，先后爆发了震动全国的日照、沂水、苍山等暴动，公开打出了中国工农红军游击队的旗号。抗日战争全面爆发后，中共中央山东分局、八路军山东纵队、一一五师和八路军第一纵队的指挥机关都驻在沂蒙山区。1940年，山东省的省级政权机关——山东省战时工作推行委员会在沂南县青驼寺成立。山东党政军首脑机关在这里领导山东军民

革命烈士纪念塔（华东革命烈士陵园　供图）

抗日作战2.6万次。解放战争时期，中共中央华东局、华东军区和华东野战军指挥机关先后在这里组建，领导华东军民进行了宿北、鲁南、莱芜、孟良崮、济南、淮海等战役。刘少奇、陈毅、罗荣桓、徐向前、粟裕等老一辈无产阶级革命家都在这里留下了战斗足迹。

在沂蒙这片红色土地上，诞生了无数可歌可泣的英雄儿女。抗日战争和解放战争期间，沂蒙老区四百二十万人口中，有一百四十万名群众参军支前，三万多名沂蒙优秀儿女献身疆场。仅就解放战争而言，沂蒙支前民工就达1018523人，支前小推车达到了314279辆，担架60397副，涌现出“沂蒙六姐妹”“沂蒙母亲”“沂蒙红嫂”等许多支前英雄群体和个人。陈毅曾经很形象地比喻：“淮海战役是人民群众用小推车推出来的。”同时他又说：“我进了棺材，也忘不了沂蒙人民，他们用小米供养了革命，用小推车把革命推过了长江。”他充分肯定了沂蒙老区人民对革命的巨大贡献。

“丰功殊勋，铭印在我们千百万人民的脑海里”

革命烈士纪念塔矗立于苍松翠柏间，短短不到三百字的碑文向人们诉说着沂蒙大地的红色历史和英雄故事，昭示着为人民革命献身的烈士们永垂不朽。

一方面，它时刻警示后人，永世不忘先烈们“伟大的高度的革命英雄主义”的丰功殊勋。从大革命时期到山东全境解放的二十五年间，在历次革命斗争中，许多中华优秀儿女英勇地牺牲在沂蒙这块英雄的土地上。在沂蒙山区牺牲的以及沂蒙人在外地牺牲的，共有62576位革命烈士，其中包括汉斯·希伯、陈明与辛锐夫妇、罗炳辉、王麓水、常恩多、刘炎、张元寿等。这些革命烈士在革命斗争中“慷慨就义”“杀身成仁”，用鲜血和生命换来了山东全境的解放和人民革命的全国胜利。这种丰功殊勋，正如碑文所记：“铭印在我们千百万人民的脑海里，子孙万代，永世不忘。”

另一方面，它提醒后人要继承发扬“艰苦奋斗、前仆后继”的光荣传统。中国共产党人的初心和使命，就是为中国人民谋幸福，为中华民族谋复兴。然而，中华民族伟大复兴，绝不是轻轻松松、敲锣打鼓就能实现的。在伟大的革命斗争中，有“革命的高潮与低潮时期”，必然会遭遇各种各样的艰难险阻。无论是秘密工作战线“教育群众、领导群众”作坚决的斗争，还是正面战场的英勇战斗，“在山东的革命战士配合全国的革命健儿在毛主席、中国共产党的英明领导下艰苦奋斗、前仆后继”，才实现了中华民族“站起来”的伟大目标，同时孕育了伟大的沂蒙精神。我们要继承革命烈士“艰苦奋斗、前仆后继”的光辉遗志，结合新的时代条件发扬光大沂蒙精神，将其转化为不忘初心、牢记使命的实际行动，从革命英雄身上汲取实现中华民族伟大复兴的强大力量。

（作者：吴荣生）

中国革命和红军发展的重要里程碑

——井冈山会师纪念碑碑文敬读

2016年2月2日，习近平总书记在瞻仰井冈山革命烈士陵园时指出：井冈山是革命的山、战斗的山，也是英雄的山、光荣的山，每次来缅怀革命先烈，思想都受到洗礼，心灵都产生触动。回想过去那段峥嵘岁月，我们要向革命先烈表示崇高的敬意，我们永远怀念他们、牢记他们，传承好他们的红色基因。

回溯九十多年前，毛泽东领导的秋收起义部队和朱德领导的南昌起义余部历经千难万险，在井冈山胜利会师。两支英雄的部队汇成一股革命铁流，最终将红旗从井冈山插遍了全中国。这一在我党我军历史上具有里程碑意义的重大事件，永远铭刻在龙江河畔的历史丰碑上，这就是井冈山会师纪念碑。

井冈山会师纪念碑位于井冈山市龙市镇，于1977年10月动工兴建，1980年5月4日建成开放。碑高19.28米，碑座长5米，宽4米，寓意为1928年5月4日朱毛红军会师。碑身左右两侧用红色大理石镶嵌而成，象征着秋收起义部队和南昌起义部队的两面军旗，碑顶正面镶嵌着镰刀锤头，象征两支部队在党的领导下胜利会师，建成一支坚强的人民军队。碑座后面刻有毛泽东手书“星星之火可以燎原”，碑座两侧刻有朱德题写的两首诗：“红军荟萃井冈山，主力形成在此间。领导有方经百炼，人民专政靠兵权。”“革命雄师会井冈，集中力量更坚强。红军领导提高后，五破围攻固战场。”碑身正面“井冈山会师纪念碑”八个鎏金大字的碑名由叶剑英题写。碑座正面是纪念碑文。碑文全文如下：

在第一次国内革命战争遭到失败，中国革命处于十分危急的关头，以毛泽东同志为代表的中国共产党人，高举马列主义旗帜，继续坚持革命斗争。一九二七年八月一日，周恩来、朱德、贺龙、叶挺、刘伯承等同志领导了八一南昌起义，打响了反对国民党反动派的第一枪。

同年九月九日，毛泽东同志在湖南领导了秋收起义，创立了第一支工农红军，随即进军井冈山，在以宁冈为中心的罗霄山脉中段进行工农武装割据，创建了第一个农村革命根据地。

一九二八年四月，朱德、陈毅等同志率领南昌起义的部分部队和湘南农军，艰苦转战，到达宁冈，与毛泽东同志领导的秋收起义的部队胜利会师。五月四日，井冈山军民在砻市举行庆祝大会，宣告中国工农红军第四军成立。毛泽东同志任党代表，朱德同志任军长，陈毅同志任政治部主任，王尔琢同志任参谋长。

南昌起义、秋收起义和这两支部队在井冈山胜利会师，是中

国革命发展史上具有重大历史意义的事件。从此，中国革命的中心由城市转到农村。井冈山革命根据地的建立，开创了以农村包围城市，依靠农村积聚和发展革命力量，最后夺取全国政权的正确道路。

立碑永志井冈山会师的伟大历史功绩。

公元一九七八年五月四日　立

短短不到五百字的碑文，高度概述了井冈山会师的历史背景、艰难历程和伟大意义。

千流归大海，奔腾涌巨澜。朱毛会师是中国革命和中国人民军队建军史上具有重大历史意义的事件，是中国革命和红军发展的重要里程碑。经历了大革命失败的中国共产党人，重新从血泊中爬起，揩干净身上血迹，掩埋好同伴尸首，又继续战斗。从南昌城头一声枪响，到秋收起义霹雳暴动，从引兵井冈艰难探索，到湘南起义炮火洗礼，毛泽东、朱德率领两支起义部队终于会师井冈，随后合编成工农革命军第四军（后改为工农红军第四军）。朱德领导的南昌起义余部，这支脱胎于北伐战争叶挺独立团的正规军，开始与农民土地革命运动实践相结合，使井冈山革命根据地实力大大增加，开始步入全盛时期。从此，毛泽东、朱德的名字紧紧地连在了一起，他们领导的红军被称为“朱毛红军”，是令国民党军队闻之胆寒的部队。这支英雄部队发展成中国工农红军的主力，先后创建了井冈山及中央革命根据地，在伟

井冈山会师纪念碑（井冈山会师纪念馆　供图）

大的长征、抗日战争和解放战争中立下了不朽的功勋，最终迎来了全中国的解放。历史证明，没有井冈山会师，就很难有人民革命武装的汇聚、融合和壮大，也就不可能有星星之火燃遍中国的伟大历程。

斗转星移，硝烟远去，镌刻在历史丰碑上的纪念碑文，依然在传颂着革命先辈的初心和使命，激荡着人们的心灵，给后人以启迪和前行的力量。

坚定理想信念，筑牢信仰之魂。在革命处于最低潮、前景最渺茫的时刻，革命先辈理想信念不动摇，自愿放弃唾手可得的高官厚禄和安逸生活，毁家纾难，舍身报国，为争取民族独立和人民解放而流血牺牲。在赣南安远天心圩，朱德鼓励将士们说："1927年的中国革命，等于1905年的俄国革命。俄国在1905年革命失败后，是黑暗的，但黑暗是暂时的，到1917年革命终于成功了。中国革命现在失败了，现在也是黑暗的。但是黑暗同样遮不住光明。只要我们保存实力，革命就有办法，革命就能成功。"朱毛会师，竖起了一面坚持斗争的鲜艳夺目的大旗，坚定了全国民众的革命信仰，为中国革命复兴带来了希望。铭记朱毛会师，就是要坚定理想信念，坚守共产党人的精神追求，在各种风险和挑战面前，真正做到"千磨万击还坚劲，任尔东西南北风"，为实现共产主义远大理想和中国特色社会主义共同理想不懈奋斗。

坚决听党指挥，筑牢强军之魂。党对军队绝对领导的根本原

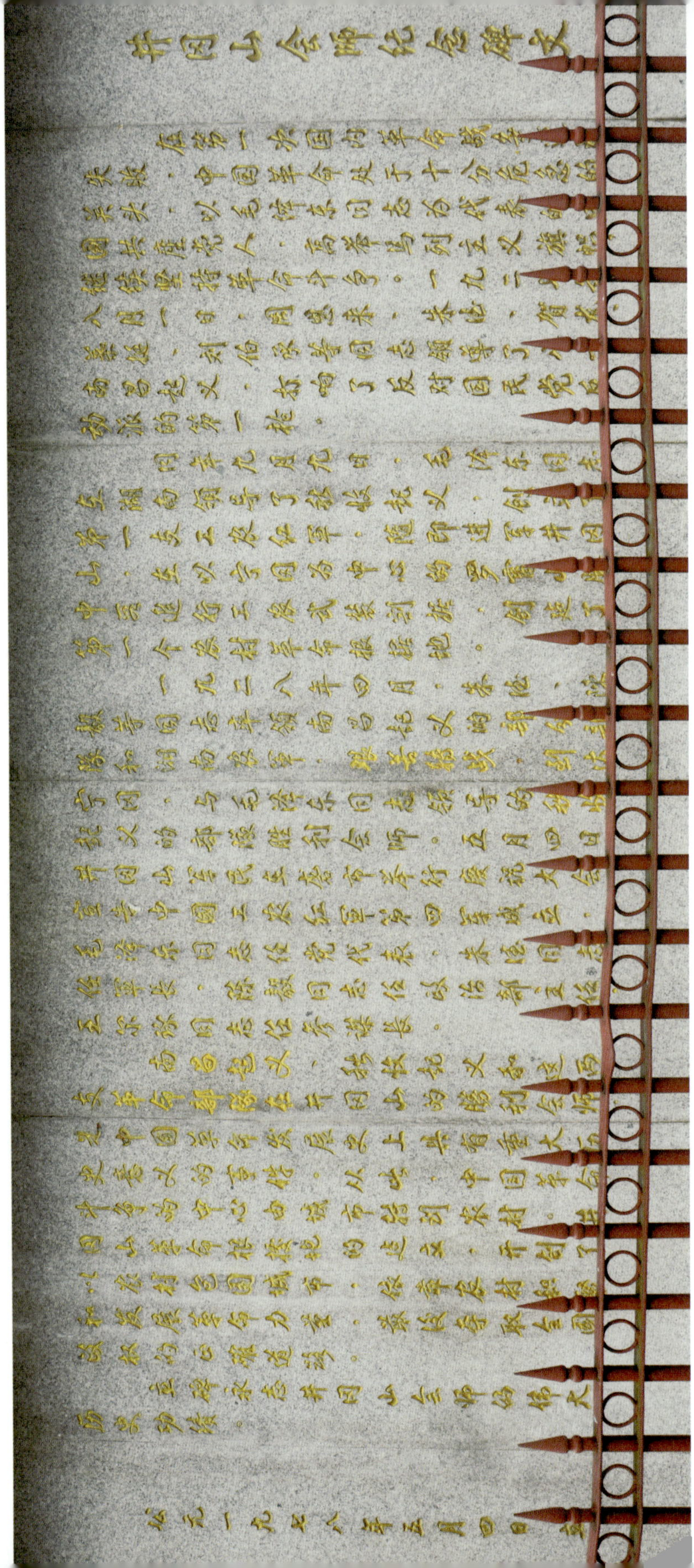

井冈山会师纪念碑文（井冈山会师纪念馆 供图）

则和制度，发端于南昌起义，奠基于三湾改编，定型于古田会议，是人民军队区别于一切旧军队的政治特质和根本优势。朱毛会师后做的第一件事就是成立军委，将军队置于党的坚强领导之下。从此，这支人民军队战无不胜，攻无不克，为推翻“三座大山”，建立社会主义新中国立下了不朽功勋。朱毛红军在井冈山铸造的人民军队听党指挥的军魂，是中国共产党领导下人民军队根基之精髓和灵魂之所系。加强党的领导，听党指挥，永远是人民军队战胜敌人和困难的不竭动力。铭记朱毛会师，就是要把听党指挥的火种，把红色基因和革命传统，一代一代传下去，为培养有灵魂、有本事、有血性、有品德的新一代革命军人，为建设世界一流军队，创造良好条件，提供有力支撑。

坚持人民至上，筑牢初心使命。紧紧团结群众、依靠群众，是井冈山革命根据地创建和发展的重要“法宝”。在会师大会上，毛泽东指出，我们不光要打仗，还要发动群众，组织群众，有群众支持，不怕打不败敌人。他再次重申了“三大纪律六项注意”，把做好群众工作作为党和红军的三大任务之一。回顾朱毛会师这段历史就会知道，我们党之所以在那么弱小的情况下能够逐步发展壮大起来，在腥风血雨中能够一次次绝境重生，在攻坚克难中能够不断从胜利走向胜利，根本原因就在于不管是处于顺境还是逆境，我们党始终坚守为中国人民谋幸福、为中华民族谋复兴这个初心和使命，义无反顾向着这个目标前进，从而赢得了人民衷心拥护和坚定支持。铭记朱毛会师，就是要牢固树立群众观点、站稳人民立场。人民立场是我们党的根本政治立场，是不忘初心、牢记使命的价值原点和力量源泉。初心与民心相向而生。不忘初心，牢记使命，我们党才能赢得民心，才能获得不竭的力量源泉。

（作者：邱明）

琼岛解放战役的历史丰碑

——海南革命烈士纪念碑碑文敬读

海南革命烈士纪念碑，位于海口市人民公园内，是为纪念长期坚持琼岛革命斗争和英勇渡海作战而牺牲的两万多名烈士而修建的，于1954年4月建成。纪念碑由花岗岩砌成，高14.5米，顶端雕刻精致花纹。碑身正面刻有“革命烈士永垂不朽”八个鎏金大字，基座正面及碑身背面镌刻朱德题写的碑文。碑文如下：

长期坚持琼岛革命斗争和英勇渡海作战而牺牲的同志们！

你们是中华民族最优秀的儿女。

你们的英雄行为，对解放琼岛和全中国起了不可磨灭的作用。

烈士们的功绩永垂不朽！

朱德题

一九五零年五月一日

碑文仅七十二个字，极为简短，但意蕴深远，充分肯定党领导琼崖革命武装斗争“二十三年红旗不倒”的历史功绩，深情赞颂渡海战役的英雄壮举，深刻揭示海南解放的重大意义，饱含着对那些为海南解放事业牺牲英烈的深切缅怀，不仅镌刻在纪念碑上，也永远铭记于人民心中。

敬读碑文，领会光辉的海南解放史

读懂碑文“长期坚持琼岛革命斗争”红旗不倒沉甸甸的分量。1927年9月23日，琼崖椰子寨战斗打响，掀起全琼武装总暴动序幕，自此，琼崖人民革命武装在党的领导下，克服重重艰难险阻，坚持孤岛奋战，最终接应、配合人民解放军渡海登陆作战，解放海南。

土地革命战争时期，1928年琼崖第一次反“围剿”遭到挫败。关键时刻冯白驹挺身而出，挑起领导全琼革命斗争重担，成为“琼崖人民的一面旗帜”。1932年琼崖第二次反“围剿”严重受挫，在血与火、生与死的严峻考验中，母瑞山的星火终于燎原。抗日战争时期，面对日、伪、顽三面夹攻的严峻态势，琼崖党组织始终紧紧依靠人民，与国民党顽固派展开有理、有利、有节的斗争，彻底击退反共逆流；实施“坚持内线、挺出外线”的作战方针，带领抗日根据地军民英勇反击日伪军，把抗日战争推向全琼，陷侵琼日军于人民战争的汪洋大海之中，成为琼崖抗战当之无愧的中流砥柱。解放战争时期，琼崖党组织坚持从琼岛实际出

海南革命烈士纪念碑

发，正确处理“北撤”“南撤”问题，有力地牵制了国民党军队，策应了全国解放区战场；不失时机地建成五指山革命根据地，使琼崖党和军队有了一个位处全岛中心、便于指挥全琼、进可攻退可守的牢固后方，解除了后顾之忧，真正掌握了斗争主动权，加速了海南解放进程。

读懂碑文“英勇渡海作战”将革命进行到底的英雄气概。1949年下半年，随着人民解放军在全国战场的节节胜利，十余万国民党军队纷纷从全国各地溃逃琼岛，并构筑起一道海、陆、空立体防线，妄图阻止人民解放军解放海南。解放海南岛，牵动着党中央和毛泽东的心。12月18日，毛泽东向人民解放军第四野战军发出准备渡海作战解放海南岛的命令，第四十军、第四十三军及炮兵、工兵等十万余人进驻雷州半岛，开始了渡海作战的艰难准备。1950年1月10日，毛泽东电示四野前委，争取于春夏两季内解决海南岛问题，同时指出海南岛与金门岛情况不同，海南岛上有冯白驹的配合。2月1日至2日，渡海作战兵团在广州召开海南岛战役作战会议，采纳冯白驹建议，作出分批潜渡与积极准备大规模强渡，两者并重进行的战役指导方针。

经缜密部署，三四月间，在琼崖纵队的接应配合下，渡海作战兵团四个先锋部队，分两批四次胜利潜渡，加强了岛上接应力量，取得了渡海登陆作战的经验，为主力部队大规模登陆作战创造了极为有利条件。1950年4月16日，渡海作战兵团主力发起大规模强渡，在琼崖纵队和先遣登陆部队有力接应下，从临高角至澄迈县玉包港一带的预定登陆点突破敌军立体防线，成功登陆。20日，与国民党军在澄迈县的黄竹、美亭地区展开决战，歼灭其主力。随后，登陆部队与琼崖纵队分东、中、西三路追击南逃的国民党军，一路摧枯拉朽、势如破竹，5月1日，全岛宣告解放。解放海南岛战役，开创世界革命战争史上木船打败军舰的先河，在中国人民革命斗争史上谱写了光辉一页。

读懂碑文“对解放琼岛和全中国起了不可磨灭的作用”的深远意义。渡海作战的胜利，彻底粉碎了亡命台湾的国民党集团妄图以两大岛屿互为犄角，作为其“反攻大陆”跳板的美梦，使海南岛一跃成为祖国南方国防前哨，成为保卫社会主义建设事业顺利进行的钢铁堡垒和捍卫祖国南海海疆的可靠后方基地。海南解放，使灾难深重的海南各族人民彻底摆脱了帝国主义、封建主义和官僚资本主义的统治，受压迫、受奴役的海南人民从此成为新社会的主人，海南历史掀开了崭新篇章。海南解放后的一个多月，朝鲜战争爆发，美国第七舰队进入台湾海峡，公然充当国民党集团的保护伞。渡海作战的胜利，在相当程度上避免了海南岛成为“第二台湾”，对完成祖国统一大业具有深远影响。再进一步说，如果没有海南的解放，巩固祖国南疆、保卫祖国建设都将面临巨大挑战，今天的南海维权又该如何进行？中国有可能失去整个南海，这绝不是危言耸听。

敬读碑文，感悟不变的初心和使命

透过碑文，无论是二十三年琼崖坚守的漫漫征途，还是历时近两个月渡海作战的气吞山河，都有着相同的精神基因，这就是我们党为人民谋幸福、为民族谋复兴的初心和使命。

坚定信念，一往无前。艰难可以摧残人的肉体，死亡可以夺走人的生命，但没有任何力量能够动摇中国共产党人的理想信念，这是琼崖革命先辈艰苦卓绝、百转千回的浩然正气，这是渡海大军浴血冲锋、埋骨沙场的无限忠诚。其融革命英雄主义、乐观主义、浪漫主义、理想主义于一体，锻造出坚忍不拔、百折不挠的斗争意志，支撑着我们愈挫愈奋、愈战愈勇，创造一个个彪炳史册的人间奇迹，不断从胜利走向新的胜利。

依靠人民，为了人民。没有人民群众的支持，就没有红旗不倒的英雄史诗；没有人民群众的支持，就没有渡海战役的气贯长虹。渡海作战前夕，琼崖人民踊跃认购四十万元解放公债；得知大军缺乏船只和船工时，便组织动员了四百余名船工、水手和一百七十多艘木帆船，冒险北渡，支援野战军训练和作战，其中有六十开外的老汉，也有十五六岁的小伙子，还有年轻的姑娘、媳妇。坚信群众的力量，紧紧依靠群众，和群众同呼吸、共命运；关注人的利益、满足人的需求、促进人的发展，坚持自觉地为人民群众的根本利益奋斗，永远是推进事业发展的不竭伟力。

不怕困难，不怕牺牲。渡海战役是党和人民军队在缺乏登陆作战经验，武器装备落后的不利局面中进行的。越是艰险越向前。将士们万众一心、众志成城，克服艰难险阻、不畏汹汹鲸波，“陆上猛虎”化身“海上蛟龙”。大规模强渡时，部队充分发挥土炮船的近战威力，扬长避短，闯进敌舰射击死角，击沉击伤敌舰数艘，创造了“木船打军舰”的神话。大军主力抵琼后，连续奔袭，七天七夜从海口一直追到三亚。这种连续冲锋、持续作战，敢于压倒一切困难的英雄气概，富有穿透人心的力量，正是我们在和平年代攻坚克难、干事创业的精神源泉。

锐意进取，勇当先锋。渡海作战需要进取创新意识。面对没有海空支援，主要渡海工具木帆船受风向、潮汐影响极大等不利因素，我军敢闯新路，找到积极潜渡、分批小渡在先的方法，打开了所谓“伯陵防线”的突破口，为野战军大规模渡海登陆作战提供了实践经验。渡海作战需要开路先锋，当渡海先锋营穿越枪林弹雨、长风大浪，第一次登上琼岛大地与琼崖纵队热情相拥时，海南岛战役的局面就此改变。面对乱云飞渡、惊涛骇浪，我们靠勇立潮头、创新创造，蹚出一条走向胜利的革命道路。这深刻启示我们，必须敢闯敢试，始终充满创造活力，不断有所发现、有所创造、有所前进，才会迎来崭新局面。

（作者：毛志华）

革命意志　战斗精神

——八一起义军三河坝战役烈士纪念碑碑文敬读

八一起义军三河坝战役烈士纪念碑是为纪念在三河坝战役中牺牲的烈士而修建的，位于广东省梅州市大埔县三河镇笔枝尾山。碑文如下：

“八一”起义军一部和大埔等处人民，在三河坝地区坚决抗击帝国主义走狗蒋介石、广东军阀、广西军阀的进攻，激战数昼夜，歼灭敌人一部，给敌人沉重打击。这是第二次国内革命战争时期，中国共产党和毛泽东同志领导中国人民反对帝国主义、封建主义、官僚资本主义所进行的千千万万次英勇战斗中的一次。在这次战斗中，起义军第二十五师参谋处长游步仁同志、第七十五团第三营营长蔡晴川同志和几百个中国人民优秀儿女光荣牺牲。我们与烈士诀别已经有三十六年又二个月了，但是烈士们的坚强革命意志、勇敢战斗精神无时无刻不鼓舞着我们前进，无时无刻不鞭策着我们前进。

烈士们精神不死，永远活在中国人民的心中。

周士第撰并书

一九六三年十二月

碑文回顾了1927年10月南昌起义军一部在三河坝与敌血战的情况，阐述了立碑纪念的缘由，具有重要的历史价值和深远的教育意义。

（一）

始建于1963年的八一起义军三河坝战役烈士纪念碑，占地面积716平方米。碑高15米、长宽各4米，用35种规格的356块密纹花岗岩石砌成。碑身正面镌刻着朱德题写的碑名——八一起义军三河坝战役烈士纪念碑，为正楷鎏金字。碑座上刻有开国上将、时任起义军第二十五师师长周士第撰写的碑文。碑座建在平台中间，上平台长8.4米、宽12.4米，下平台长35米、宽25米，全部用花岗岩石条铺成，平台外沿周围竖立石栏杆。碑左侧有纪念亭，右侧有长廊。

（二）

1927年8月1日，中国共产党领导发动南昌起义，打响了武

八一起义军三河坝战役烈士纪念碑（三河坝战役纪念园　供图）

装反抗国民党反动派的第一枪，标志着中国共产党独立创建革命军队和领导革命战争的开始。根据中共中央的原定计划，起义部队南下广东，准备恢复革命大本营。这是一条艰辛而曲折的道路。起义军指战员顶着烈日跋山涉水，沿途不断与国民党追兵作战。9月22日，按照前委决定，起义军执行分兵计划：周恩来、贺龙、叶挺率主力由大埔乘船，直奔潮汕；朱德率第二十五师和第九军军官教育团，留守三河坝。这就是军史上著名的“三河坝分兵”。

1927年10月1日，朱德在获悉敌人已进占梅县，正向三河坝扑来的消息后，立即作出渡过韩江移师对岸布防的决定。2日晚，敌军乘夜偷渡，遭起义军半渡而击。3日，敌军又在猛烈炮火的掩护下发起数次强渡，均被击退。4日，敌军趁着浓雾实施多路进攻，并以一部从下游渡江，迂回包抄。起义军奋起抗击，予敌以大量杀伤。无奈敌众我寡，多处阵地失守，起义军陷于三面包围之中。当晚，朱德下达突围命令，于6日抵达饶平以北的茂芝。此时，进军潮汕地区的起义军主力遭到失败。在朱德等人的率领下，起义军余部历经艰辛走上井冈山，与毛泽东领导的工农革命军胜利会师，逐步探索出一条农村包围城市、开展工农武装割据的正确革命道路，在我党我军历史上写下了浓墨重彩的一笔。正如开国上将萧克所评价的：“没有三河坝战役，就没有后来的井冈山会师，中国人民解放军的历史亦将重写。”

（三）

三河坝战役中，以朱德为代表的南昌起义军将士怀着“为人民谋幸福，为民族谋复兴”的初心使命，与国民党反动派浴血奋战，所展现出的理想信念、大局意识、战略战术和战斗精神，时至今日仍熠熠生辉，给人以启迪。

一是忠贞坚定的理想信念。坚定理想信念，坚守共产党人精神追求，始终是共产党人安身立命的根本。朱德身上就充分展现出中国共产党人坚定的理想信念。朱德早年从军，浴血拼杀，官至滇军少将旅长，足以尽享荣华富贵，却为无法实现救国救民愿望，内心无比苦闷与彷徨。在找到马克思主义后，朱德义无反顾地抛弃高官厚禄，加入中国共产党。三河坝战役后，由于南下主力失利，朱德所率部队成为孤军，随时有被敌围歼的危险。他坚定地说：“我是共产党员，我有责任把南昌起义的革命火种保留下来，有决心担起革命重担，有信心把这支革命队伍带出敌人的包围圈，和同志们团结一起，一直把革命干到底！”转战赣南途中，严酷的斗争现实令意志不坚定的人产生动摇，有的不辞而别，有的叛变投敌。就在部队濒临溃散的危急关头，朱德站了出来，力挽狂澜。他表示：要革命的跟我走；不愿继续奋斗的可以回家，不勉强。只要有十支八支枪，还是要革命的。在陈毅、王尔琢等人的支持下，朱德对部队进行了著名的“赣南三整”，扭转了思

八一起义军三河坝战役烈士纪念碑（三河坝战役纪念园　供图）

想混乱、人心涣散的局面。

二是勇于担当的大局意识。勇于担当就是能挑重担，敢于负责。担当是一种态度，也是一种责任，更是一种行动。在挑战面前、危机之中，能不能担当、敢不敢担当，既是考验，也是思想素质和道德品质的体现。大局意识就是善于从全局高度、用长远眼光观察形势、分析问题，围绕中心任务认识大局、把握大局、顾全大局。三河坝战役中，起义军不足四千人，面对的是蒋介石嫡系钱大钧部近两万人。在敌我兵力悬殊的情况下，据守三河坝、掩护主力南下无疑是艰难而无畏的决定。沧海横流，方显英雄本色。在革命大局面前，朱德明知不可为而为之，义无反顾地担当重任。战役打响前，他召开全体官兵大会，亲自作动员，号召官兵们发扬会昌歼敌的精神，保持铁军的荣誉，战胜来犯之敌，指出坚守三河坝的意义就是牵制敌人，为主力南下创造有利条件。

三是灵活机动的战略战术。为实现保存自己、消灭敌人的战争目的，朱德从实际情况出发，采取灵活机动的战略战术，扬长避短、力争主动。三河坝是个面积只有十平方公里的小镇，因梅江、汀江、梅潭河在境内交汇而得名。朱德十分清楚，起义军前为滚滚东逝的江水，后有步步紧逼的敌军，死打硬拼肯定行不通。为最大可能地拖住敌人，给主力南下争取宝贵时间，要充分利用地形，发挥近战优势，以克服火力弱、弹药匮乏的困难。为此朱德主动放弃三河坝镇，避免了背水结阵的危险，并按《孙子兵法》“勿迎之于水内，令半济而击之”的战术思想，对强渡之敌实施半渡而击。血战三天后，起义军弹尽人疲，而敌人的包围圈越缩越小，朱德并没有机械地等待前委的撤退命令，果断下令“次第掩护，逐步撤退”，从而保存了革命火种。

四是不怕牺牲的战斗精神。人无精神不立，军无精神不胜，国无精神不强。具有战斗精神的军队，往往可以先声夺人，令对手闻风丧胆、不战而溃。三河坝战役中，起义军在既无火炮又无后援，甚至连子弹、手榴弹都十分有限的情况下，与五倍于己的敌人殊死拼杀，伤亡近千人。梅子岽战斗中，第二十五师参谋处处长游步仁腹部中弹，被抬下战场后壮烈牺牲。笔枝尾山争夺战中，敌我反复拉锯，阵地数度易手，第七十五团团长孙一中、连长许光达等指挥员身负重伤。突围中，黄埔一期学生、第七十四团团长孙树成冲锋在前，用生命为部队杀出一条血路；断后的第七十五团第三营面对蜂拥而至的敌军，营长蔡晴川和他的战友们战至弹尽粮绝，最后拿起空枪、石块与敌肉搏，充分展现了勇往直前、敢打必胜、令敌胆寒的血性。

（作者：李涛）

让跨越时空的苏区精神永放光芒

——湘鄂西苏区革命烈士纪念碑碑文敬读

湘鄂西苏区革命烈士纪念碑，位于湖北省洪湖市城区西南郊的湘鄂西苏区革命烈士陵园内。纪念碑正面镶嵌着“湘鄂西苏区革命烈士纪念碑”十二个金色大字，碑座上镌刻着纪念湘鄂西人民伟大功绩和悼念英勇牺牲烈士的碑文，内容如下：

湘鄂西人民在中国共产党湘鄂西特委领导下，于一九二七年冬一九二八年春，在全国秋收暴动和南昌暴动影响之下，反对豪绅地主和背叛革命的国民党政权，开展了武装斗争，建立了红色游击队。一九二九年在江、石、监、沔地区建立了中国工农红军第六军，在鹤、桑、慈、松、宜地区建立了中国工农红军第四军；在鄂北襄、枣、宜、房、谷、均、郧地区，鄂西兴、归、巴地区建立了中国工农红军第九军。一九三〇年四、六军会合于公安，组成了中国工农红军第二军团，由贺龙、周逸群同志统一领导指挥，形成了一支强大力量，配合全国红军攻势，威逼武汉，对中国革命的发展起了重要作用。

由于武装斗争的开展，开辟了湘鄂西广大的革命根据地，打倒了豪绅地主，分配了土地，建立了湘鄂西苏维埃政权。一九三一年国民党在帝国主义直接帮助之下，开始向苏区和红军进行了残酷的进攻，红军主力击退了五次围攻，于一九三五年北上抗日，离开了湘鄂西根据地到达陕北。根据地的人民，在遭受了严重摧残之后转入地下，仍然坚持着英勇不屈的斗争。在抗日战争中，湘鄂西人民又在中国共产党鄂豫边区党委领导下，展开了英勇的抗日战争，建立了襄南和襄西的抗日根据地。同时，党中央于一九四四年从延安又派来了八路军，加强了当地人民的革命斗争。一九四五年八月日寇投降后，国民党反动派发动了反共反人民的内战，新四军第五师主力被迫北上，根据地人民再次遭受了反动派的摧残。一九四七年刘邓大军南下后，湘鄂西人民在中国共产党江汉区党委领导下，部份的恢复了革命根据地，直至解放战争胜利。

在几次伟大的革命战争中，湘鄂西的人民有成千上万的优秀儿女英勇地牺牲了。其中如周逸群、鲁易、柳克明、万涛、彭之玉、崔琪、刘绍南、彭国才、段德昌、段玉林、周小康、贺锦斋、王炳南、黄大鹏、吴先洲、李兆龙、刘革非、李福、戴补天、尉迟均、陈相波、屈阳春、朱立文、雷天明、许猛等先烈人物。

为纪念湘鄂西人民的伟大功绩和悼念英勇牺牲的烈士，以立此碑。

中华人民共和国国务院

一九五七年十二月

湘鄂西苏区革命烈士纪念碑是唯一以国务院名义题写碑文的地方革命烈士纪念碑，从而更显得弥足珍贵，意义非凡。

（一）

湘鄂西苏区是土地革命战争时期割据范围最大的三块根据地之一，是参加长征的红军三大主力之一——红二方面军的发源地，为最终夺取全国胜利作出了重大贡献。湘鄂西苏区具有十分重要的战略地位，影响和策应了全国革命斗争的开展，并积累了颇具特色的经验。毛泽东曾将其总结为“贺龙式”根据地，并高度评价“红军时代的洪湖游击战争支持了数年之久，都是河湖港汊地带能够发展游击战争并建立根据地的证据”。

基于湘鄂西苏区的重要历史地位，国务院决定为洪湖革命烈士纪念碑撰写碑文，并拨专款立碑。1957年12月25日，在洪湖新堤城区文泉大道光荣院内举行了纪念碑奠基典礼。1958年1月纪念碑落成，占地面积约二十亩。当时碑高7.7米，碑的正面是“洪湖革命烈士纪念碑”九个隶书大字，右侧面是贺龙元帅的题词“革命烈士们的业绩鼓舞着我们永远前进”，左侧面为以国务院名义撰写的碑文，背面是毛泽东高度评价洪湖游击战争的论述。纪念碑后面建有一座小型革命文物陈列馆。纪念碑雄伟肃穆，耸立于青松翠柏之中，是当时洪湖人民缅怀湘鄂西苏区革命先烈的主要纪念地。

湘鄂西苏区革命烈士纪念碑（湘鄂西苏区革命烈士陵园　供图）

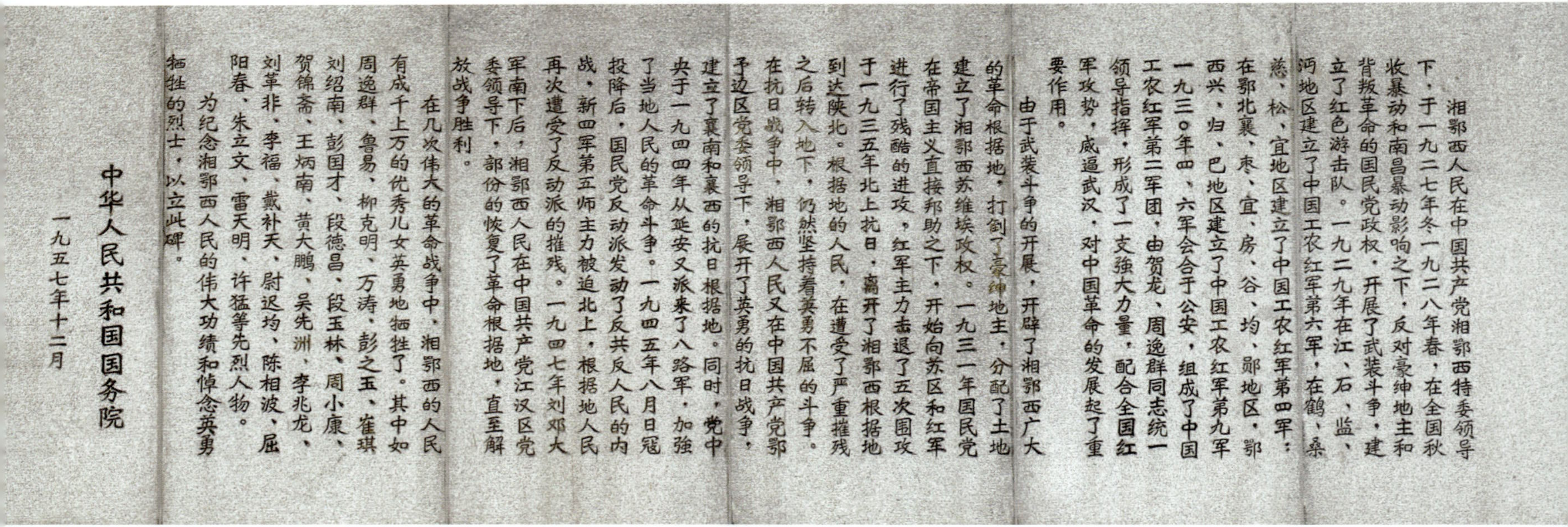
湘鄂西人民在中国共产党湘鄂西特委领导下，于一九二七年冬一九二八年春，在全国秋收暴动和南昌暴动影响之下，反对豪绅地主和背叛革命的国民党政权，开展了武装斗争，建立了红色游击队。一九二九年在江、石、监、沔地区建立了中国工农红军第六军，在鹤、桑、慈、松、宜地区建立了中国工农红军第四军；在鄂北襄、枣、宜、房、谷、均、郧地区，鄂西兴、归、巴地区建立了中国工农红军第九军。一九三〇年四、六军会合于公安，组成了中国工农红军第二军团，由贺龙、周逸群同志统一领导指挥，形成了一支强大力量，配合全国红军攻势，威逼武汉，对中国革命的发展起了重要作用。

由于武装斗争的开展，开辟了湘鄂西广大的革命根据地，打倒了豪绅地主，分配了土地，建立了湘鄂西苏维埃政权。一九三一年国民党在帝国主义直接帮助之下，开始向苏区和红军进行了残酷的进攻，红军主力击退了五次围攻，于一九三五年北上抗日，离开了湘鄂西根据地到达陕北。根据地的人民，在遭受了严重摧残之后转入地下，仍然坚持着英勇不屈的斗争。在抗日战争中，湘鄂西人民又在中国共产党鄂予边区党委领导下，展开了英勇的抗日战争，建立了襄南和襄西的抗日根据地。同时，党中央于一九四四年从延安又派来了八路军，加强了当地人民的革命斗争。一九四五年八月日寇投降后，国民党反动派发动了反共反人民的内战，新四军第五师主力被迫北上，根据地人民再次遭受了反动派的摧残。一九四七年刘邓大军南下后，湘鄂西人民在中国共产党江汉区党委领导下，部份的恢复了革命根据地，直至解放战争胜利。

在几次伟大的革命战争中，湘鄂西的人民有成千上万的优秀儿女英勇地牺牲了。其中如周逸群、鲁易、柳克明、万涛、彭之玉、崔琪、刘绍南、彭国才、段德昌、段玉林、周小康、贺锦斋、王炳南、黄大鹏、吴先洲、李兆龙、刘革非、李福、戴补天、尉迟均、陈相波、屈阳春、朱立文、雷天明、许猛等先烈人物。

为纪念湘鄂西人民的伟大功绩和悼念英勇牺牲的烈士，以立此碑。

中华人民共和国国务院

一九五七年十二月

湘鄂西苏区革命烈士纪念碑碑文（湘鄂西苏区革命烈士陵园　供图）

随着洪湖市政建设的不断发展，1977年经湖北省政府批准，决定新辟陵园，建“湘鄂西苏区革命烈士纪念碑”，并沿用原碑文。可见，湘鄂西苏区革命烈士纪念碑是从洪湖革命烈士纪念碑演变而来的，两者一脉相承。建两块碑的目的都是让后人纪念革命先烈，勿忘新中国成立的来之不易，教育子孙后代继承革命先烈的遗志。

（二）

1978年10月，湘鄂西苏区革命烈士陵园在洪湖城区西南郊长江之滨动工兴建，1984年11月10日正式落成。陵园主体建筑有贺龙元帅铜像、四柱牌坊、烈士纪念碑、革命历史馆、革命烈士馆、将军墓等，占地面积606亩。位于陵园中心的纪念碑，在园内其他建筑的衬托下，显得更加巍峨壮观、高大挺拔。

纪念碑重达4200余吨，碑高27.6米，代表着湘鄂西苏区革命斗争是1927年6月开始的。碑身由花岗岩砌成，正面向北，碑名是仿鲁迅先生字体书写而成的；背面向南，刻着贺龙元帅题词“革命烈士们的业绩鼓舞着我们永远前进”。碑身东西两侧刻有由五星、稻穗、红旗、党徽组成的装饰图案，图案为金色，代表着希望；金色稻穗环绕在党徽四周，左右两边还有红旗，象征着工人阶级领导的工农联盟取得了革命的胜利。

（三）

湘鄂西苏区革命烈士纪念碑碑文，概述了湘鄂西人民在中国共产党的领导下为了民族独立和国家富强进行的艰苦卓绝的斗争。碑文有八百余字，主要有三层含义。

首先，回顾了湘鄂西苏区从创建、发展到最后丧失的历史。湘鄂西苏区创建于1927年底，后不断发展壮大，在鼎盛时期人口达三百七十万，拥有三万主力红军、二十万地方武装及五十余县的红色政权，自1931年起先后击退了国民党五次围攻。1935年高举北上抗日的旗帜撤离根据地。

其次，勾勒了主要割据区域和主力红军概况。湘鄂西苏区以洪湖地区为中心，由湘鄂边、洪湖、巴归兴、鄂北、鄂西北、荆当远、松枝宜和洞庭湖特区等八块根据地组成，主力红军是贺龙、周逸群领导的由红四、红六军组成的红二军团。

最后，列出了二十五位主要烈士的名单。湘鄂西苏区走出了元帅贺龙、大将许光达、上将贺炳炎等六十七位开国将帅，牺牲了近二十万革命志士。碑文中特别写出周逸群等二十五位革命烈士的名字，极为罕见，告诫后人要缅怀革命英烈，发人深省。

在贺龙、周逸群等的领导下，湘鄂西苏区在创建过程中积累了宝贵的斗争经验：带领广大军民英勇奋战，表现出威武不屈、临死不惧的革命气概；根据实际情况，较早实行了正确的经济政策，有力打破了敌人的经济封锁；高度重视反腐倡廉工作，制定了“做个好党员”的“十条标准”，注意发挥廉政歌谣对反腐倡廉的引导作用；主要领导人以身作则、率先垂范，如贺龙谢绝做新衣，周逸群不动一块银元；在中国革命史上开创了水上游击战争的光辉范例，并成为全国唯一一块建立在河湖港汊地带的水上革命根据地。苏区精神“承载着中国共产党人的初心和使命，铸就了中国共产党的伟大革命精神。这些伟大革命精神跨越时空、永不过时，是砥砺我们不忘初心、牢记使命的不竭精神动力”。

（作者：孙伟）

铁骨丹心昭日月　凛然浩气贯长天

——雨花台烈士纪念碑碑文敬读

习近平总书记2014年在江苏视察时指出："在大革命时期，江苏是我们党活动的重要区域，在雨花台留下姓名的烈士就有1519名。他们的事迹展示了共产党人的崇高理想信念、高尚道德情操、为民牺牲的大无畏精神。"

雨花台烈士纪念碑于1989年落成，矗立在南京雨花台主峰广场上，高42.3米。采用传统的竖式造型，由碑额、碑身、碑座三部分组成。碑身正面镌刻着邓小平手书的"雨花台烈士纪念碑"八个金字，背面为江苏省及南京市人民政府撰写的碑文：

在伟大的中国人民解放事业中，革命先烈为了实现共产主义理想，为了国家独立、民族解放和民主自由，英勇斗争，壮烈牺牲在南京雨花台，用鲜血和生命谱写了中国革命史上的英雄篇章。先烈们的革命精神将永远激励人们为实现共产主义的崇高理想而奋斗！

革命烈士永垂不朽!

公元一千九百八十七年十月

江苏省人民政府
南京市人民政府 **敬立**

简短的碑文，讴歌了雨花英烈为实现共产主义理想而英勇奋斗的革命精神。

崇高的理想信念

立志而圣则圣矣，立志而贤则贤矣。牺牲时年仅十六岁的袁咨桐，是目前已知年龄最小的雨花英烈，他是贵州赤水县(今习水县土城镇)人，1929年来到南京晓庄学校小学部读书，加入共青团后阅读大量革命书籍，积极宣传革命思想。1930年，他参加了晓庄学校学生声援和记工厂工人反帝斗争的示威游行，并于同年5月、8月两次被捕，9月17日被敌人枪杀于雨花台。他在狱中给二哥写信："我们各有着不同的处境，有人在忍辱顺受，有人在观望徘徊，有人在勇往直前。一个人到了不怕死的地步，还有什么顾虑的？有了这种舍身为公奋斗的精神，还怕理想事业不能成功？"袁咨桐坚守崇高的理想信念，用实际行动回答了什么是信仰。

在雨花英烈中，最知名的当属党的早期领导人恽代英。1930年5月恽代英因革命工作被捕，1931年4月在即将出狱时因叛徒

雨花台烈士纪念碑（雨花台烈士陵园　供图）

出卖身份暴露。国民党想用收买叛徒的方法收买恽代英，但恽代英面对威逼利诱决不屈服，最终蒋介石下达了立即处决的手令。1931年4月29日，恽代英英勇就义。正如革命烈士周文雍诗云："头可断，肢可折，革命精神不可灭。志士头颅为党落，好汉身躯为群裂。"雨花台数以千计的英烈，宁可牺牲生命也要捍卫自己的信仰，彰显了革命理想高于天的崇高理想信念，是极为宝贵的精神财富。

高尚的道德情操

他们堪称完美德行的践行者，舍私情拥抱公义，用生命阐释了共产党人的义利观。高文华是江苏无锡人，1925年加入中国共产党。1926年参加北伐战争，父亲曾替他在胶济铁路找了份月薪六十块大洋的工作。高文华给父亲回信："我是一个革命者，怎能受钱的牵动呢？老实说，山东有六百、六千块大洋一月的事，我都不会做的。"四一二反革命政变之后，高文华回到家乡无锡继续从事革命活动。父亲对他说："怎么从广州回来了？我给你找的'铁饭碗'为什么不要？"高文华坚定地说："我干的是使天下千千万万受苦的人，都能吃饱穿暖的活。"1928年3月26日，高文华不幸被捕。在狱中，高文华丝毫没有考虑自己的安危得失。他坚信：为人类争真理的英勇争斗，才是奋斗，所以一个真正的奋斗者，是绝不会顾虑牺牲的大小、成功的多少或者失败的。

雨花台烈士纪念碑碑文

吕惠生是安徽无为人，皖江抗日根据地领导人。1935年，由于在民众中享有较高威望，他被推荐担任无为县政府建设科科长。一次，有个豪绅为霸占公田修建私宅，拿出两百块银元企图买通他。吕惠生将贿款公之于众，并在当地建成一座凉亭，亲笔书写“洗心亭”悬于其上，以明心志。他在日记中写道：“剔除中饱，涓滴归公，一文钱用在有利革命上——廉。”1945年9月，担任皖中行政公署主任、皖中人民抗日自卫军司令员的吕惠生被敌人逮捕，两个月后在南京壮烈牺牲。牺牲前，吕惠生在狱中托人传出遗诗一首：“忍看山河碎，愿将赤血流。烟尘开敌后，扰攘展民猷。八载坚心志，忠贞为国酬。且喜天破晓，竟死我何求？”雨花英烈昭示着高尚的道德情操，他们用自己的模范行为和高尚人格激励后人。

为民牺牲的大无畏精神

雨花英烈郭纲琳生于江苏句容的富足大户之家。1929年她考入中国公学，并加入中国左翼文学研究会，积极探求革命真理。1934年1月12日，因叛徒告密郭纲琳不幸被捕入狱，她拒绝家人重金营救，拒绝在悔过书上签字。在漫长的牢狱生涯中，她始终保持着高尚的道德情操，并把两枚铜板磨成心形，镌刻上“健美”“永是勇士”的字样，表达自己决不投降、永当勇士的坚定意志。郭纲琳被关押期间，郭家想方设法营救，几次都因她拒绝在国民党拟好的悔过书上签字而作罢。由于郭纲琳斗争坚决，敌人将她作为重点惩处对象，对她施以皮鞭抽、铁杠压等种种酷刑，但都未能使她屈服。1937年7月，敌人把郭纲琳押往雨花台刑场。面对死亡，郭纲琳怒斥敌人："我一个手无寸铁的女子，凭了真理，凭了对人民的忠贞，凭了党给我的教育，我将你们费了不少狗气力想出来的一切阴谋诡计打得粉碎，可见我是胜利了……"郭纲琳为革命事业献出了年仅27岁的生命。

家是最小的国，国是千万家。雨花英烈史砚芬出生于江苏宜兴，中学期间他就投身到五四运动的洪流中，积极追求救国救民真理。1928年5月5日，史砚芬在南京参加会议时，由于叛徒出卖不幸被捕。在狱中，他受尽了敌人的严刑拷打，始终坚贞不屈。他在给弟弟妹妹的诀别信中写道："我的死是为着社会、国家和人类，是光荣的，是必要的。我死后，有我千万同志，他们能踏着我的血迹奋斗前进，我们的革命事业必底于成……"雨花英烈镌刻的是"牺牲"二字，书写的是舍"小我"铸"大我"的人生答卷，展现的是中国共产党人为民牺牲的大无畏精神。

（作者：燕翔）

缅怀先辈伟绩　弘扬长征精神

——中央红军长征出发纪念碑碑文敬读

2019年5月20日，习近平总书记来到江西省于都县，瞻仰中央红军长征出发纪念碑，察看中央红军长征出发地旧址于都县城东门渡口，参观中央红军长征出发纪念馆。在纪念碑前，他向革命先烈敬献花篮并行鞠躬礼。他强调，我们不能忘记党的初心和使命，不能忘记革命理想和革命宗旨，要继续高举革命的旗帜，弘扬伟大的长征精神，朝着中华民族伟大复兴的目标奋勇前进。

中央红军长征出发纪念碑位于江西省于都县城东门渡口的中央红军长征出发地纪念园内。纪念碑正面是“中央红军长征出发纪念碑”十一个红色隶书大字，背面镌刻着纪念中央红军长征出发的碑文。碑文全文如下：

一九三四年，由于“左”倾冒险主义的错误领导，中央苏区第五次反“围剿”失败，中央红军被迫实行战略转移。十月上、中旬，中共中央、中革军委、红军总部、中央政府等领导机关及

中央红军一、三、五、八、九军团，分别从瑞金、兴国、宁都、石城、长汀、宁化等地陆续进抵于都县域，进行集结休整待命与兵员、粮款、武器弹药的补充。十七日至二十日，中央领导机关及中央红军主力八万六千余人，先后从于都县城的东门、南门、西门，梓山的山峰坝，罗坳的孟口、鲤鱼、石尾，靖石的渔翁埠等八个主要渡口渡过于都河，开始二万五千里长征。十月十八日，毛泽东、朱德、周恩来等中央领导随中央第一野战纵队，从东门渡口过河踏上征途。

为缅怀先辈伟绩，弘扬长征精神，兴建此碑，永志纪念。

公元二零零九年十月

碑文回顾了中央红军长征的历史背景和出发准备情况，阐述了立碑纪念的缘由，具有深刻的历史价值和教育意义。

中央红军长征出发纪念碑概况

中央红军长征出发纪念碑高19.34米，底座边长10.18米，象征1934年10月18日傍晚，中央领导机关等在这里渡过于都河，开始举世闻名的二万五千里长征，因而于都县城东门渡口也被称为“长征第一渡口”。

碑身为双帆船造型，象征着中央红军从此扬帆出征。碑座上的三幅巨型浮雕，分别以“集结于都”“渡河出发”“倾情奉献”

为主题，展现的是中央红军主力部队向于都地域换防集结、苏区人民牵手惜别、红军革命为民的动人场景。周围的围栏上雕刻着中央红军各军团渡河出发的八个主要渡口名称。当时，中央红军渡河的主要部署是：中共中央、中革军委、红军总部等机关从于都县城东门渡口，红三军团主力从南门渡口，红三军团及红八军团部分队伍从西门渡口，红一军团主力从山峰坝渡口，红八军团从孟口渡口，红五军团三十四师从鲤鱼渡口，红五军团十三师从石尾渡口，以及红九军团从渔翁埠渡口渡河。

1996年9月，在纪念红军长征胜利六十周年之际，中共于都县委、于都县人民政府在于都县城东门渡口兴建了纪念碑园。2009年，将中央红军长征第一渡纪念碑园扩建为中央红军长征出发地纪念园。纪念园由入口小广场、主题雕塑、集结广场、中央红军长征出发纪念碑、渡口码头等组成。

碑文背后的历史：军民同心夜渡河

从1933年下半年开始，蒋介石调集一百万军队，发起对中央苏区的第五次“围剿”。由于“左”倾冒险主义的错误指导，中央苏区第五次反“围剿”失败，中国共产党和红军到了危急关头，中国革命到了危急关头，中华民族到了危急关头。

面对生死存亡的严峻考验，1934年10月10日晚，中央红军开始实行战略转移。中共中央、中革军委机关由瑞金出发，向集

中央红军长征出发纪念碑

结地域开进。10月16日，各部队在于都河以北地区集结完毕。从17日开始，中央红军主力五个军团及中央、军委机关和直属部队共8.6万余人南渡于都河，踏上战略转移的征途，开始了著名的长征。其中，于都县城东门渡口就是军委第一纵队和毛泽东、朱德、周恩来等夜渡于都河的渡口。

于都河河宽600多米，水深1—3米。红军总部决定在于都河面上架桥。当年，为支持红军渡河，于都河沿岸群众倾尽家中木材，捐出门板、床板甚至棺木的不在少数，汇集800多条大小船只，最终在约30公里的河段架起了五座横跨600多米宽水面的浮桥。在今天的中央红军长征出发纪念馆门前，竖立着一块石碑，石碑上写着周恩来的感言："于都人民真好，苏区人民真亲。"这是周恩来当年在得知于都老人将棺木捐给红军搭浮桥后发出的感慨。

这是一个永远不能忘怀的场面。红旗猎猎，战马嘶鸣，苍茫的于都河边，浩浩荡荡的中央红军与成千上万的苏区群众依依不舍，含泪话别。时任红一军团第二师第四团政委的杨成武回忆：源源不断的人流，从四面八方汇拢来。他们扶老携幼，来到于都河畔。乡亲们有的把煮熟了的鸡蛋塞到我们手里，有的把一把把炒熟的豆子放到我们的口袋里。有的拉住我们战士的手问："什么时候回来？"有的止不住地"呜呜"哭起来。当时同在红一军团当团长的杨得志看到，赶到于都河边为我们将士送行的群众中，人们的脸上都挂着愁容，有的还在暗暗地流泪。老表们拉着我们将士的手，重复着一句极简单的话：“盼着你们早回来，盼着你们早回来呀！”

在苏区群众的帮助下，中央红军连续多天架设临时浮桥，晚上渡河，早上拆桥，不留痕迹，安全顺利地跨过长征第一渡。三十万于都人民共同保守着一个天大的秘密，称得上是一大奇迹。

碑文的思想主题：回顾革命历史，弘扬长征精神

长征，被誉为“地球上的红飘带”。中央红军从于都出发后，战胜千难万险，付出巨大牺牲，胜利完成震撼世界、彪炳史册的长征。这篇三百余字的碑文，向世人讲述着那个壮举的开端，凸显不忘初心、牢记使命的宗旨。从碑文的主题来看，具有以下特点。

一是不忘历史，缅怀先烈。中国人历来注重立碑纪念重要人物事件，碑文咏志，借以追念往昔，教育后人。长征的这条“红飘带”，是无数红军的鲜血染成的。出发后，在红一方面军二万五千里的征途上，平均每三百米就有一名红军牺牲。从语言来看，碑文平实简洁，朴实无华，以叙述的笔调向后人讲述红军长征出发的历史，娓娓道来，移情于文，读来既有对革命历史的追忆，又有对先烈革命事业的缅怀之情。

二是弘扬精神，催人奋进。长征出发前，不仅中央苏区第五次反“围剿”失败，其他根据地也遭受挫折，中国革命面临着方

向和道路的抉择。在乱云飞渡、惊涛骇浪前，我们党表现出无所畏惧、浴火重生的创造精神，蹚出了一条走向新生、走向胜利的革命道路。长征是一次理想信念的伟大远征，长征精神是中国共产党人的红色基因和精神族谱的重要组成部分。碑文从1934年红军第五次反“围剿”失败讲起，在叙述历史的同时，提出弘扬长征精神，感念革命伟绩，教育启迪后人。

中央红军长征出发纪念碑的碑文，记载的不仅是红军长征出发的历史，也是我们党初心与使命出发的历史。穿越历史的沧桑巨变，回望八十多年前那段苦难和辉煌，正如习近平总书记所讲的那样，我们要饮水思源，不要忘了革命先烈，不要忘了我们中央苏区、革命老区的父老乡亲们。现在是新长征，我们要再出发。

（作者：王光鑫）

作出不可磨灭贡献的西路军

——中国工农红军西路军纪念碑碑文敬读

习近平总书记于2019年8月20日上午来到甘肃省张掖市高台县，瞻仰中国工农红军西路军纪念碑和阵亡烈士公墓，向西路军革命先烈敬献花篮，并参观了中国工农红军西路军纪念馆。习近平总书记强调，我心里一直牵挂西路军历史和牺牲的将士，他们作出的重大的不可替代、不可磨灭的贡献，永载史册。他们展现了我们党的革命精神、奋斗精神，体现了红军精神、长征精神，我们要讲好党的故事、红军的故事、西路军的故事，把红色基因一代代传承下去。

（一）

高台烈士陵园由中国工农红军西路军纪念馆、纪念亭、烈士公墓、纪念碑等纪念建筑物组成。中国工农红军西路军纪念碑建成于2009年4月3日，纪念碑采用传统纪念碑造型，高29.37米。

碑身上部的党徽寓意革命战士永远在党的领导下前进，碑体正面为原西路军第三十军政委、原国家主席李先念的题词：红军西路军烈士永远活在我们心中。

纪念碑背面是石刻碑文：

一九三六年十月，中国工农红军第四方面军总部及五军、九军、三十军共二万一千八百余将士，奉中革军委命令西渡黄河，执行宁夏战役计划。十一月，组成西路军转战河西走廊。在极端艰苦的条件下同敌人进行殊死搏斗，历时半年之久，歼敌二万五千余人，有力地策应了河东红军的战略行动，用鲜血和生命谱写了中国革命史上可歌可泣的壮丽诗篇。

西路军精神永垂不朽！

中共高台县委

高台县人民政府

二〇〇九年四月三日立

碑座设计为四边形，四面铺之以象征西路军革命精神永垂不朽的图案浮雕。其中基座高6.3米，分上下两层。上层高2.5米，为灰花岗岩，镌刻图案有望远镜、大刀、冲锋号、枪，上述器物均用飘动的彩带环绕成对称、均衡的单独纹样，使人们见物思人，追忆西路军将士浴血奋战的悲壮历史。底层高3.8米，材质为汉白玉，图案是三组汉白玉花环，象征西路军的三个军。花环下端

中国工农红军西路军纪念碑（中国工农红军西路军纪念馆　供图）

用祁连山装饰纹样，象征着西路军激战河西、血洒祁连。周围有五十六个汉白玉栏杆，代表着全中国五十六个民族继承和发扬革命传统。

（二）

1936年10月，红一、红二、红四方面军在甘肃会宁会师后，红四方面军总部及第五军、第九军、第三十军共两万一千八百余人，根据中共中央和中革军委命令，从甘肃靖远县渡过黄河，执行宁夏战役计划。后因时局变化计划被迫中止，渡河部队组成西路军，转战河西走廊的古浪、永昌、山丹、甘州、临泽、高台、肃南、安西等地，经过大小战斗八十余次，歼敌两万五千余人。发生在1937年元月的高台保卫战是其中最惊心动魄、悲壮惨烈的一幕。1937年1月1日，红五军大部指战员在军长董振堂的率领下占领高台县城后，于1月12日遭到六倍于己的敌人的包围，与敌人进行了九天八夜的殊死战斗，在弹尽粮绝的情况下，包括董振堂和红五军政治部主任杨克明在内的两千八百多名西路军将士壮烈牺牲。在长达半年的斗争中，西路军共牺牲七千多人，被俘一万两千多人（其中六千多人惨遭杀害），最终仅四百多名指战员抵达新疆。西路军烈士的鲜血染红了河西大地，在中国革命史上留下了极其悲壮的一页。

通过党的营救及西路军失散和被俘将士百折不挠的奋斗，有

中国工农红军西路军纪念碑碑文（中国工农红军西路军纪念馆　供图）

五千多名红军将士回到了党的怀抱，成为党和人民军队的骨干。据统计，其中有元帅一人，国家主席一人，国防部部长一人，最高人民检察院检察长一人，大将一人，上将三人，中将十四人，少将八十七人，另有省部级干部十人，共计一百一十九人。特别是在中共中央、共产国际的关心和援救下，西路军左支队到达新疆的四百多名将士，经过学习和技术培训，分别成为航空、无线电通信、情报、医务、装甲、汽车、炮兵等方面的骨干，为人民军队技术兵种的创建和发展打下了基础。

（三）

西路军虽然受到挫折，但是留下来的红色故事始终传颂在当地。为纪念在高台英勇牺牲的中国工农红军西路军第五军指战员，高台县人民群众自发倡议修建革命烈士纪念地。1954年经甘肃省人民政府批准，高台县开始建设高台烈士陵园，1957年正式建成并投入使用，总面积四万多平方米。园内主要有烈士纪念堂，红五军阵亡将士公墓，董振堂、杨克明烈士纪念亭和战史陈列馆。1965年6月10日，又在公墓前建成了钢筋混凝土结构的中国工农红军西路军第五军阵亡烈士公墓纪念碑。

党的十一届三中全会以后，高台烈士陵园进一步得到了各级领导的重视，陵园面貌不断改观。2009年8月1日，高台烈士陵园景区基础设施建设项目竣工，正式更名为中国工农红军西路军纪念馆，占地260亩，东西长385米，南北宽200米，成为全国反映中国工农红军西路军历史最全面、最具权威的纪念馆。

西路军的悲壮失败，使我们深切地认识到革命胜利来之不易。通过总结经验教训，我们能够更好地认识历史发展的规律，吸取前进的力量。正如《中国共产党历史》中指出：“西路军所属各部队，是经过中国共产党长期教育并在艰苦斗争中锻炼成长起来的英雄部队。在极端艰难的情况下，在同国民党军队进行的殊死搏斗中，西路军的广大干部、战士视死如归，创造了可歌可泣的不朽业绩，在战略上支援了河东红军主力的斗争。西路军干部、战士所表现出的坚持革命、不畏艰险的英雄主义气概，为党为人民的英勇献身精神，是永远值得人们尊敬和纪念的。”

“为有牺牲多壮志，敢教日月换新天。”西路军是一座丰碑，是一段传奇，是一部史诗，是一堂党课。今天，我们比历史上任何时期都更接近、更有信心和能力实现中华民族伟大复兴的目标。在全面建成小康社会决胜阶段，我们更需要讲好我们党的故事、红军的故事、西路军的故事。不忘初心，牢记使命，传承发扬西路军的奋斗精神，把西路军壮怀激烈、英勇献身、惊天动地的革命故事化作奋力走好新时代长征路的不竭动力，告慰先烈、昭示未来，让红色基因代代相传。

（作者：范景鹏）

首战平型关　威名天下扬

——平型关大捷纪念碑碑文敬读

八十多年前，八路军第一一五师在平型关伏击日军，取得了全国抗战爆发后中国军队主动出击的第一个大胜仗。如今，在昔日的战地遗址乔沟南侧约一公里的山坡阶地上，修建了平型关大捷纪念馆。在纪念馆东侧的石灰岭上，巍然耸立着平型关大捷纪念碑。碑基高1.15米，意喻参战部队八路军第一一五师，碑座、碑体高分别为1.37米和9.25米，表示平型关大捷发生的时间为1937年9月25日。

纪念碑碑阳刻有杨成武题写的“平型关大捷纪念碑”八个大字，碑阴的碑文记述了平型关大捷的战斗过程及重大意义。碑文如下：

一九三七年卢沟桥事变后，日寇大举侵华，气焰十分嚣张。国民党军队节节败退，华北危急，民族危急！

在这民族存亡危急关头，中国共产党领导的八路军，高举民

族抗日的旗帜，挺进华北抗日前线。林彪、聂荣臻率领一一五师主力，于九月二十五日在平型关下，歼灭日军板垣师团二十一旅团一千余人。与此同时，杨成武率领独立团，在驿马岭阻击增援平型关之敌，歼敌三百余人。英雄健儿，前仆后继，浴血奋战，赢得了抗战史上的第一次大捷。首战平型关，威名天下扬。

为纪念抗日英魂，继承先烈遗志，弘扬民族精神，加速祖国现代化进程，特建平型关战役纪念碑。勒碑刻铭，俾万民瞻仰，万古流芳。

中共灵丘县委员会

灵丘县人民政府

一九九八年九月立

敬读碑文，读出了一段历史……

1931年9月18日，日军悍然发动九一八事变，激起东北人民的奋勇抵抗，中国人民的抗日战争从此开始。1937年7月7日，日军又蓄意制造七七事变，发动全面侵华战争，华北危急，民族危急！在这危急时刻，中国共产党高举抗日大旗，号召全国同胞、政府和军队团结起来，筑成民族统一战线的坚固长城，抵抗日本帝国主义的侵略。根据国共谈判达成的协议，国民政府军事委员会宣布红军主力改编为国民革命军第八路军，任命朱德为总指挥，彭德怀为副总指挥，下辖第一一五师、第一二〇师、第一二九师

平型关大捷纪念碑（平型关大捷纪念馆　供图）

及总部直属队。为迅速对日作战，八路军尚未改编就绪，即相继东渡黄河，挺进山西抗日前线。

八路军出师山西之际，正值日军从雁北、晋东北两面突破，迂回夹击，步步进逼山西腹地之时，山西内长城防线形势危急。为阻止日军的进攻，国民党晋绥军以六个军的兵力在平型关一线阻敌，刚刚到达山西战场的八路军兼程北上，立即加入平型关中国军队作战序列。

1937年9月22日，日军开始攻击晋绥军平型关阵地。23日，朱德、彭德怀命令第一一五师机动侧击向平型关进攻之敌。24日，第一一五师侦察到从平型关山口至灵丘的东河南镇即小寨村至老爷庙的乔沟公路是一条狭窄山道，山道中段地势极为险要，北侧山高坡陡，南侧则山低坡缓，是隐蔽设伏的理想阵地。当夜，第一一五师指战员冒着倾盆大雨，涉过山洪激流，在拂晓前到达伏击阵地。9月下旬的晋北，天气异常寒冷。再加上大雨刚过，地上泥泞不堪，但衣着单薄的八路军将士士气十分高涨，他们在阴冷潮湿的阵地上急切地等待着进攻的时刻。

1937年9月25日凌晨，乔沟公路上传来了日军汽车的马达声，日军第五师团第二十一旅团主力两千余人开始进入第一一五师设伏地段。当骄横的日军全部进入我伏击圈后，第一一五师将士居高临下，突然向日军发起猛烈攻击，参战的八路军将士冲下公路，将日军分割包围，日军困兽犹斗，疯狂反击。敌我双方展开白刃格斗。

平型关大捷纪念碑（平型关大捷纪念馆　供图）

经过近一天激战，共歼灭日军一千余人，击毁汽车一百余辆，并缴获大量武器弹药和军用物资及日军的绝密文件、地图等。

敬读碑文，读懂了一种精神……

平型关大捷彰显了伟大的抗战精神。初上抗日战场的八路军将士，在国家危亡、民族危难之际，挺进抗日前线，不怕牺牲，不畏艰难，冒着敌人的炮火，一路北上。“将有必死之心，士无贪生之意。”广大八路军将士在外敌入侵面前展示了天下兴亡、匹夫有责的爱国情怀，视死如归、宁死不屈的民族气节，不畏强暴、血战到底的英雄气概，百折不挠、坚忍不拔的必胜信念。

在战斗中争夺老爷庙高地时，六八六团副团长杨勇等带领战士们向先期占领老爷庙高地的四五百名日军猛烈进攻，以一个尉官队为骨干的日军拼命反击，数架日军飞机在空中助战，战斗十分惨烈。一百四十余人的三营九连官兵大部分牺牲。经过三个多小时的血战，老爷庙高地终被八路军牢牢控制。

对于平型关战斗的胜利，时任第一一五师副师长的聂荣臻解释仓促上阵的八路军为何能一举取得如此辉煌的胜利：“战斗中，战士们勇敢顽强，不怕牺牲。六八六团副团长杨勇同志在战斗中负了伤，仍继续指挥部队作战。连长曾贤生同志带领战士们上好刺刀冲下公路时，高喊着：‘我们要用刺刀消灭敌人，就是牺牲，也要堵住敌人！’他首先冲进敌群，在肉搏中光荣献身。担负穿插堵击任务的一个连队，打得非常顽强，战斗结束时，全连干部除一人以外，全部负伤，三个排长英勇牺牲。干部、战士们英勇无比的精神，是取得胜利的决定因素。”

敬读碑文，热血为之沸腾……

“首战平型关，威名天下扬！”八路军首战告捷，表现出中国人民有战胜敌人的勇气和力量，使全国人民看到了中华民族的希望所在，提高了共产党和八路军的声望。平型关大捷打破了日军不可战胜的神话，振奋了全国人民坚持抗日的信心，鼓舞了中华民族抗日的激情，赢得了国内外舆论的普遍赞扬。毛泽东致电朱德、彭德怀：“庆祝我军的第一个胜利”，“平型关的意义正是一场最好的政治动员”。上海市职业界救亡协会致电八路军，称赞：“贵军受命抗敌，立奏奇功，挽西线垂危之局，破日寇方长之焰。捷报传来，万众欢腾。”

平型关大捷是八路军出师抗战后打的第一个大胜仗，也是全国抗战爆发后，中国军队主动出击打的第一个大胜仗。平型关的枪声点燃了八路军抗日游击战的烽火，打出了中华民族的威风、中华民族的志气，坚定了全国人民夺取抗战最后胜利的信念和信心。这次战斗既打破了日军突破平型关、攻击第二战区中国军队，从右翼配合日军华北主力在平汉路作战的战略企图，又顿挫了日军进攻山西腹地的势头，挫伤了日军的锐气，使之不敢贸然深入，为中国军队部署忻口会战提供了时间，从而有力地支援了正面战场国民党军队的作战。蒋介石致电朱德、彭德怀：“25日一战，歼寇如麻，足证官兵用命，深堪嘉慰。尚希益励所部，继续努力，是所至盼。”

“天地英雄气，千秋尚凛然。”八十多年前，八路军在国家危亡、民族危难之际取得的平型关大捷，创造了战争史上的奇迹，将永载中华民族的史册。

平型关，英雄的关！

（作者：郭秀翔）

汇聚正义　捍卫和平

——长春苏联红军烈士纪念塔碑文敬读

在吉林省长春市人民广场的绿树鲜花中，一座标志性建筑巍然矗立，这就是苏联红军烈士纪念塔。1945年秋，为纪念在反对日本法西斯战争中牺牲的苏联红军烈士，驻长春苏军在此修建了这座纪念塔。

纪念塔采用传统塔式造型，是一座花岗岩质地实心塔，由塔基、塔座、塔身三部分组成，通高27.75米。塔基为圆形，直径30米，塔座外延有四级台阶。塔身为正方形锥体，分为六层，逐层斜向缩小塔身南面的断面面积，锥体底层边长6米，顶层边长2米，塔身北面第三层嵌有苏联国徽图案、第六层嵌有苏联军徽图案，顶部放置了一架由长春东方铁工厂铸造的P-2轻型轰炸机模型，作向北方展翅飞行的姿态。

塔身底层四面均用中、苏两国文字镌刻铭文并饰以浮雕，塔身底层北面上方用中文刻有八个大字：苏军烈士永垂不朽。

北面下方用俄文刻着：为苏联的荣誉和胜利在战斗中牺牲的

长春苏联红军烈士纪念塔（沈知非　拍摄）

英雄们永垂不朽。

南面上方用中文刻着：中苏友谊万古长青。

南面下方用俄文刻着：这里埋葬着为苏联的荣誉和胜利，在战斗中英勇牺牲的后贝加尔湖方面军的飞行员。

塔身西侧用俄文阴刻英勇献身的十四名苏联军官的姓名和军衔等级；东侧用俄文阴刻苏联红军牺牲的九名准尉及军士的姓名和军衔等级。

简短的碑文铭刻着汇聚正义、捍卫和平的历史，清晰的印记昭示着和平必胜、人民必胜的未来。

决战——以正义之名

1945年，世界反法西斯战争呈现出空前有利的形势，德、日法西斯已日暮途穷。中国解放区战场继开展对侵华日军局部反攻后，又发起势如破竹的全面反攻。8月8日，苏联政府拒绝调停，发表对日作战宣言。9日，毛泽东发表《对日寇的最后一战》声明，同日零时10分，一百五十万苏军从东、西、北三个方向对盘踞在中国东北地区的日本关东军发起猛烈攻势，伪满傀儡政权土崩瓦解。8月19日，苏联红军贝加尔军区加尔洛夫少将率领二百人的苏军先遣队空降长春西部的大房身机场，长春日军随即缴械投降。在苏联红军、东北抗日联军向日本军队进攻的同时，全国各解放区的武装力量也向日伪军发起猛烈反攻。9月2日，日本政府代表在投降书上签字，时任国民政府军事委员会军令部部长徐永昌代表中国政府接受日本政府投降。9月5日，苏联远东方面军总司令华西列夫斯基元帅下令解散日本关东军司令部，其战俘被关押到了长春南岭兵营。为纪念对日作战中牺牲的战友，驻守东北各地的苏军陆续在哈尔滨、长春、沈阳等地修建了苏军烈士纪念塔。长春的纪念塔就选址在当时城市中心的广场。1945年11月7日，驻长春苏军在这里举行了庆祝十月革命暨纪念塔竣工仪式庆典。

致敬——以胜利之名

回望苏联红军奔赴东北战场，与中国军民并肩战斗的历史，有一支特别番号的部队不容忘记，这就是苏联红军远东红旗军第八十八旅，即东北抗联教导旅。

1940年后，东北抗联进入了极端艰苦时期，为保存有生力量，抗联主力陆续进入苏联境内整训，建立南北两个野营。同时，以小部队坚持东北抗日游击战争。1942年7月，经东北抗联负责人与苏联远东方面军司令员协商，决定将苏联境内东北抗联部队编为“东北抗日联军教导旅”，同时称为“苏联远东方面军独立第八十八步兵旅”“八四六一步兵特别旅”。这是东北抗日战争历经十年之后保存下来的抗日力量，为我党争取东北、建立根据地、夺取全国胜利保留了宝贵火种。

苏联对日宣战前夕，二百九十名抗联教导旅指战员组成二十多支战前特遣队，秘密空降日本关东军占领区，进行战前侦察，将关东军的十七个战略地堡及中苏边境上的三道边防线阵地情况全部摸清，汇报苏联空军，确定空袭目标。苏联政府对日宣战第二天，抗联教导旅先遣支队和潜伏东北境内的地下抗联小分队战士，承担了苏军随军翻译、向导、侦察人员等任务。在抗联教导旅侦察员准确的电讯信号引导下，苏联空军摧毁了日本关东军所有军事目标，关东军建立的东北防御系统顷刻瓦解。8月中旬，苏联远东方面军总司令华西列夫斯基元帅下达了抗联教导旅行动命令，正式决定：中国同志随苏军进军东北，收复东北。日本无条件投降后，抗联的任务由反攻作战转变为接收东北，在周保中、张寿篯（李兆麟）的带领下，东北抗联教导旅全体指战员分批返回东北，迅速占领了东北各战略要地十二个中心点及四十五个战略要点，并在苏军配合下，发动群众，摧毁敌伪势力，扩建部队，维持社会秩序。抗联部队这些工作，对于保卫抗战胜利果实，迎接八路军、新四军挺进东北，建立巩固的东北根据地，起到了极为重要的作用。

1945年9月中旬，苏军驻长春最高司令马利诺夫斯基元帅派全权代表在八路军将领曾克林的陪同下，乘专机飞抵延安，中共中央政治局在杨家岭召开会议，听取了关于东北形势和苏军态度的汇报。政治局当晚将情况电告正在重庆谈判的毛泽东、周恩来。据此，中共中央最终确定了“向北发展，向南防御”的战略决策，决定成立以彭真为书记的东北局，派遣十万八路军和两万干部立即出关抢占东北。9月18日，中共中央东北局正式成立。随后，中共中央决定，将东北抗日联军与挺进东北的八路军、新四军合并，改编为东北人民自治军，并于1946年1月改为东北民主联军。至此，东北抗日联军以十四年的艰苦斗争，胜利地完成了它的历史使命，进入新的历史时期。

铭记——以和平之名

“战争是一面镜子，能够让人更好认识和平的珍贵。”七十多年前，面对法西斯的步步紧逼，世界上爱好和平的人们紧密地团结在一起。在那场战争中，中国人民以巨大民族牺牲支撑起了世界反法西斯战争的东方主战场，为世界反法西斯战争的胜利作出了重大贡献。战争后期，苏联红军开赴中国东北战场，同中国军民一道对日作战，为中国人民赢得抗日战争的最终胜利提供了重要支援。中苏人民在战斗中相互支持，相互援助，并肩战斗，用鲜血和生命凝成了坚不可摧的战斗友谊，构筑了维护世界和平的坚强防线。新中国成立后，苏联是第一个承认中华人民共和国并与我国建立外交关系的国家。多年来，中俄两国始终恪守“四个相互坚定支持”共识，建立了牢不可破的政治互信，共同发展振兴，携手捍卫国际公平正义，为世界带来了更多的正能量。二战的硝烟已经散去，但战争的达摩克利斯之剑仍高悬在人类头上。我们回顾这段历史，正是要以史为鉴，坚定维护和平的决心。

（作者：李磊）

群山为证　精神永存

——狼牙山五勇士纪念塔碑文敬读

在河北省易县境内的太行山巍巍群峰之中，有一座历史名山。因其酷似狼牙，直刺青天，故名“狼牙山”。然而，让狼牙山名垂共和国历史的，不因其“形”，而因其“神”。抗日战争时期，在这座山的主峰棋盘坨上，诞生了一个中国人民不畏强暴、以身殉国的杰出代表——“狼牙山五勇士”（又称“狼牙山五壮士”）。

1941年9月25日，在与日军的激战中，为了掩护当地干部、群众及主力部队的转移，五位八路军战士在班长马宝玉带领下，毅然将敌人引至三面峭壁悬崖的棋盘坨上。面对步步逼近、成群结队的敌军，他们宁死不屈，义无反顾地从狼牙山巅纵身跳崖。马宝玉、胡德林、胡福才壮烈牺牲，葛振林、宋学义在坠落过程中，因被岩石中长出的树木挂住，虽身负重伤但幸免于难。为了纪念五壮士的英雄事迹，根据党中央指示，1941年10月18日，晋察冀军区颁布了关于学习狼牙山五壮士的训令，决定“在烈士牺牲地点，建碑纪念，并命名为狼牙山三烈士碑”。此碑于第二年7

月建成。1943年9月，纪念碑因遭日军山炮轰击而被毁。1959年，易县人民委员会在棋盘坨再建纪念塔，原晋察冀军区司令员聂荣臻亲笔题写塔名——“狼牙山五勇士纪念塔”。1986年，纪念塔第三次重修。2015年，中共易县县委对纪念塔进行了整体修复与亮化。

纪念塔底座直径3.06米，塔身五层，呈正五边形。塔身呈乳白色，高21.5米；塔身上部镶嵌着“狼牙山五勇士纪念塔”九个金光闪闪的大字；塔身下部呈军旗形，镶嵌着汉白玉的五勇士半身浮雕像。浮雕下镌刻有碑文，全文如下：

1941年9月25日，晋察冀军区第一军分区一团七连六班班长马宝玉、副班长葛振林和战士胡德林、胡福才、宋学义五人奉命掩护主力部队和地方干部群众突围，与日伪军2500之众激战五小时击退四次冲锋，弹尽路绝，宁死不屈，英勇跳崖，马宝玉、胡德林、胡福才壮烈牺牲。

五勇士不朽丰碑永存！

中共易县县委2015年9月3日志

纪念碑文是对革命历史的重温，碑文虽短，但事实如山。

1941年8月至10月，日伪军七万余人对我晋察冀边区发动了空前规模的秋季大“扫荡”。狼牙山共有五坨三十六峰，山中密布着无数千奇百怪的天然洞穴，是个藏兵卧马的好地方。为躲避

狼牙山五勇士纪念塔

敌军的疯狂“扫荡”，并利用险要地形开展对敌斗争，我军数千官兵和数万群众在这里藏身。9月23日凌晨，日军开始向狼牙山进发，中午时分抵达山脚。而此时，留在狼牙山的我军部队人数并不多，但有党政机关、游击队和群众三四万人，急需组织突围。这一重任交给了军区第一军分区一团。24日晚，一团组织干部、群众和主力部队在夜色掩护下转移，担任掩护任务的是该团七连指战员。25日凌晨三四点，掩护任务基本完成，七连开始撤离，留机枪组与二排六班继续掩护作战。到了清晨，日军向狼牙山发动进攻。五勇士的手榴弹与地雷加上机枪组的火力，让敌人误以为我军主力仍在山上，敌军大部被吸引上山。但机枪组子弹有限，在打完子弹后也撤退了。为了不暴露我军主力部队及干部、群众的转移路线并拖住敌军，五勇士决意将敌人引向狼牙山山顶。最终，在弹药用尽、石块砸光、无路可退、无障可凭、无法应战的情况下，五勇士誓不以革命之躯见辱敌寇，将所带枪支毁坏，纵身跳下悬崖。狼牙山战斗结束。

跳崖后，葛振林头部、腿部受伤，宋学义摔折了腰。两人凭借求生的本能和顽强的毅力，艰难地爬上悬崖，巧遇在撤退中与大部队走散、在山洞中躲避日军的地方干部——易县青年抗日救国会主任余药夫。三人相互搀扶，来到当地的一个道观。经道士李元忠的救助，葛振林、宋学义于第二天下午回到一团驻地。

狼牙山群峰为证，狼牙山群众为证，五勇士的事迹不容置疑与诋毁。尊重历史，就要尊重英雄。我们要铭记一切为中国人民幸福、为中华民族复兴作出贡献的英雄们，崇尚英雄，捍卫英雄。

纪念碑文是对革命精神的唤醒，碑文虽短，但精神永存。

五勇士誓死抗日的壮举，表现出了中国共产党领导的人民军队的高尚品质和中华民族不可征服的英雄气概。1985年，在纪念中国人民抗日战争胜利四十周年之际，聂荣臻饱含深情地写道：五勇士“忠于革命忠于理想而彻底献身的壮举，在侵略者面前忠于祖国的伟大民族气节，为顾全大局而勇于自我牺牲的高尚品德，仍然具有深刻的教育意义，值得全党、全军和全国人民认真学习！”今天，我们敬读碑文，就是要学习英雄，传承英雄精神。

学习五勇士忠于革命、忠于理想的献身精神。五勇士都是苦孩子出身，童年时代的悲惨遭遇、家仇与国恨淬炼了他们参加革命的理想：打跑侵略者，让天下的穷苦人民都过上好日子！有人曾经问过宋学义：“你们毕竟才五个人，面对数千名凶残至极的日寇，真的不怕吗？”宋学义不假思索地回答：“当时我们满脑子只想着完成任务，个个都杀红了眼，哪怕是死也要捞上几个鬼子，还有啥怕的！”话虽质朴，表达的却是五勇士对革命与理想的忠诚。

学习五勇士顾全大局、牺牲小我的高尚品德。从当时的情况来看，五勇士完全有生的希望。棋盘坨上有两条小路，一条通往主力部队转移的方向，这是一条“活”路；一条通往棋盘坨的顶峰，这是一条“绝”路。按照原定计划，五勇士可以追随大部队边打边撤，而且连绵的群山也能为他们提供藏身之地。然而，五勇士的高尚之处就在于：为了不暴露转移的干部、群众，为了给大部队争取更多的转移时间，他们主动选择了“绝”路。这种顾全大局而勇于自我牺牲的精神，源于五勇士对革命与理想的忠诚，对使命与责任的担当。

学习五勇士不畏强暴、以身殉国的民族气节。人，不可以有傲气，但不可无傲骨。民族气节，就是一个民族的“傲骨”，是决定一个民族薪火相传、代代存续的精神脊梁。卢沟桥事变后，中国共产党响亮地提出了“为保卫国土流最后一滴血”的口号。抱定这一决心，中华儿女不畏强暴，同日军展开殊死搏斗，不惜以身殉国。狼牙山五勇士就是其中的杰出代表。中国，有这样的好战士，何愁抗日战争不能胜利！中华民族，有这样的精神与气节，何愁我们民族不胜利！

狼牙山五勇士精神永存！中华民族永盛！

（作者：刘银松）

香港同胞齐心抗战的历史见证

——乌蛟腾抗日英烈纪念碑碑文敬读

乌蛟腾抗日英烈纪念碑，是国务院公布的国家级抗战纪念设施、遗址名录中在香港的唯一一处，也是香港第一座有红五星的纪念碑，意义非凡、弥足珍贵。纪念碑位于香港新界大埔乌蛟腾村烈士纪念园内，是为缅怀和纪念在抗日战争中牺牲的乌蛟腾村烈士而修建。碑文三百多字：

一九四一年十二月八日，日本法西斯发动太平洋战争，港九新界沦为日本侵略者的占领区，新界人民发扬抗暴斗争的历史传统，在东江人民抗日游击队领导下，同日本法西斯展开了可歌可泣的斗争。在三年八个月的时间里，日本侵略者对乌蛟腾及其周围村庄发动了大小扫荡十余次，一九四二年九月二十五日（农历八月十六日），日本侵略者拂晓包围乌蛟腾村，强迫群众交出自卫武器和供出游击队员，村长李世藩、李源培挺身而出，不怕灌水，不怕火烧，不怕军马践踏，坚贞不屈，李世藩壮烈牺牲！日

本法西斯的残暴统治，激起了广大群众的民族仇恨，成千上万的热血青年男女，爱国爱乡，纷纷参加港九人民抗日游击队，英勇杀敌。乌蛟腾村有李世藩、李宪新、李天生、李志宏、李官盛、李伟文、王官保、王志英、李源培等，献出了自己宝贵的生命。日本法西斯终于一九四五年八月十四日宣布无条件投降，反法西斯战争胜利了，英雄烈士们的光辉业迹同港九新界的山山水水一样，万古长存！人民英雄永垂不朽！

碑文内容平实、简洁明朗，主题鲜明、意蕴深远，具有深刻的教育及启迪意义。

（一）

乌蛟腾抗日英烈纪念碑初建于1951年10月，由抗战时期乌蛟腾村原儿童团团长、村民李汉等人筹划，旅居南洋的李源动支持，在本村比较隐蔽的一处山坡下建成，碑名为“烈士纪念碑”。1984年底，《中英联合声明》正式签署，为表达爱国、爱港、爱乡及缅怀先烈之情，英国华人社团“乌蛟腾海外联谊会”专门成立“乌蛟腾烈士纪念碑修葺筹备委员会”，在海外侨胞和香港同胞中发起筹款。1985年10月完工。2009年12月，在香港特区政府支持下，于乌蛟腾村村口近新娘潭路重建烈士纪念园，并于2010年9月24日举行重建落成开幕仪式。建成后的纪念园，与船湾郊野

乌蛟腾抗日英烈纪念碑

公园为邻，由翠绿山林环绕，园内碑容整洁、绿树成荫、祭食丰盛、倍添肃穆。园中高耸的纪念碑顶端是闪闪的五角红星，碑上刻着曾生将军手迹“抗日英烈纪念碑”，纪念碑基座横书“浩然正气”四个大字。纪念碑旁有两个矮身碑文座，用黑底金字刻录着烈士姓名，并用中英文题写碑文，记述了乌蛟腾村人可歌可泣的英雄抗日事迹。

（二）

抗战时期，乌蛟腾全村五百多人，在东江纵队港九大队领导下，积极报名参加游击队，并协助做好放哨警戒、情报传递及宣传抗日等工作。面对日本侵略者的“扫荡”绞杀，乌蛟腾村村民毫不畏惧，协助并保卫东江纵队在村旁的石水涧设立收发电台，前后隐藏了八个月，使得广东与延安保持联系。特别是1943年2月，在乌蛟腾村附近的山坡上，召开了被称为“东江纵队五大会议”之一的乌蛟腾会议，对指导东江军政委员会抗日工作产生了深远影响。乌蛟腾村在守土抗日、保家卫国中付出了重大牺牲，包括村长李世藩在内，碑中所陈的九名烈士献出了宝贵生命。

乌蛟腾村的抗战是香港同胞抗战的一个缩影。在整整三年八个月的抗战中，香港各界同胞与祖国人民一道，同仇敌忾、携手齐心、共赴国难，为守卫家园、抗击日军作出了重要贡献。特别是我党领导的东江纵队港九大队，一直坚守香港，带领香港同胞四处出击，参与大小战斗上百场，消灭罪恶昭彰的日本特务东亚芝及多名汉奸密探，歼敌三百多人，缴获大批军用物资。先后开辟十二条营救路线，秘密营救包括何香凝、柳亚子、梁漱溟、邹韬奋、茅盾等在内的八百多名抗日爱国民主人士、文化名人及家属。抗战期间，向盟军提供香港启德机场、西乡南头机场的图例及说明，营救英军被俘人员以及其他国际友人八十九名，救护克尔等八名美国飞行员，涌现出了刘黑仔、方姑等一批传奇式抗日英雄。许多爱国人士充分利用香港的特殊地理优势，冒着生命危险突破日军封锁线，多次将捐献的资金、被服、药品等从香港运送到内地，有力支援了内地军民抗战。香港同胞的英勇行动，给在黑暗中苦苦挣扎的香港同胞以极大希望和鼓舞，同时也有力配合了全国抗战，乃至盟军在东南亚地区的对日作战。

（三）

伫立碑园、敬读碑文，抚今追昔、思绪万千。那些为香港、为祖国、为世界反法西斯战争胜利献出宝贵生命的英雄先烈、仁人义士，值得我们深刻缅怀、永远铭记；那些先烈遗留给我们的精神力量和战斗意志，值得我们代代传承、永远弘扬。

中国共产党是香港同胞齐心抗战的中流砥柱。党在哪里，抗日的烽火就在哪里。1941年12月8日，日军进攻香港，总督杨慕琦组织抵抗十八天后宣布投降。此后的三年多，中国共产党领导的东江纵队港九大队担起历史重任，一直坚守香港抗战，其中乌蛟腾村直接参加港九大队的村民有三十九人。港九大队组织领导抗日斗争、转运急需物资、营救进步人士，成为香港地区引领同胞抗战的主要力量，也让香港成为抗战的重要支点，在全民族抗战中发挥了独特作用。当前，少数别有用心之人鼓噪历史虚无主义论调，无视党在香港的苦难奋斗，否定党在香港的历史贡献，我们对此必须高度警惕，任何时候任何情况下，必须旗帜鲜明地坚持和拥护党的领导。

中华民族的血脉深情是维系爱国爱港的精神旗帜。香港自古就是中国领土，香港同胞始终与祖国人民同根同心、血脉相通。在艰难的抗战岁月里，乌蛟腾村村民正是怀着对中华民族的深厚感情，才能在日军的酷刑逼供下毫不畏惧、坚贞不屈；香港同胞也正是饱含对这片土地的浓烈情愫，毅然挺身而出，积极支持和投身抗战。这深刻启示我们，一人一村一地只有始终怀揣爱国情怀，才能在灵魂深处扎下根脉，在情感上找到归属，在言行上找到坐标。香港永远是中国的香港，祖国好，香港明天才能更美好。

英勇顽强的斗争精神是战胜一切敌人的"法宝"。中华民族是从不屈服的民族。2019年9月3日，习近平总书记在中央党校（国家行政学院）中青年干部培训班开班式上深刻指出，"社会是在矛盾运动中前进的，有矛盾就会有斗争"。习近平总书记突出强调，"斗争是一门艺术，要善于斗争"。三年八个月抗战，乌蛟腾村以英勇的斗争有力反击了日军十余次"扫荡"；香港同胞与祖国人民一道，以坚定的意志和果敢的行动，最终赢得抗战胜利和民族解放。这深刻启示我们，对敌斗争是你死我活的较量。任何时候任何情况下，都不能对任何敌对势力心存幻想、妥协退让，只有敢于斗争、善于斗争，才能在斗争中战胜敌人、赢得未来，求得生存与发展。

披肝沥胆的精诚团结是共克时艰的力量源泉。面对日军的严刑拷打，乌蛟腾村村长李世藩誓死不肯透露游击队行踪，用生命守护战友安危；面对极其艰难困苦的环境，香港同胞省吃俭用、节衣缩食支援全国人民抗战。香港地无分南北，人无分老幼，有钱出钱，有力出力，纷纷采取各种形式支战参战，合力筑成抵御日军侵略的钢铁长城。这深刻启示我们，民齐者强，上下同欲者胜。一个群体、一个国家、一个民族，只要众志成城、并肩奋斗，能够想到一起、走到一起、干到一起，就能聚合征服一切困难的磅礴力量。

历史昭示未来。我们有理由相信，在中国共产党的坚强领导下，在爱国爱港旗帜的大力感召下，特区政府、香港警队、爱国爱港力量将与广大人民群众一道，团结一致，同心守护家园，携手踏平崎岖。

（作者：仇兴平）

不畏强暴以身殉国的杰出代表

——新四军“刘老庄连”八十二烈士碑碑文敬读

习近平总书记在纪念中国人民抗日战争暨世界反法西斯战争胜利六十九周年座谈会上指出，中国人民抗日战争异常惨烈，“中国人民同仇敌忾、共赴国难，铁骨铮铮、视死如归，奏响了气壮山河的英雄凯歌。杨靖宇、赵尚志、左权、彭雪枫、佟麟阁、赵登禹、张自忠、戴安澜等一批抗日将领，八路军‘狼牙山五壮士’、新四军‘刘老庄连’、东北抗联八位女战士、国民党军‘八百壮士’等众多英雄群体，就是中国人民不畏强暴、以身殉国的杰出代表”。

1943年3月16日，江苏淮阴刘老庄乡。新四军第三师第七旅第十九团第四连和人数与装备都明显高于自己的日军展开了一场殊死肉搏。全连八十二名勇士毫不畏惧、英勇奋战，直至全部壮烈牺牲。战斗结束后，师党委命名该连为“刘老庄连”。当地党组织和革命群众含泪收殓了烈士遗骸，并在三天后召开追悼大会，为他们举行了隆重的公葬仪式。八十二名英烈的事迹受到高度赞

八十二烈士碑（八十二烈士陵园　供图）

扬，八路军总司令朱德赞誉说这是“我军指战员英雄主义的最高表现”，新四军代军长陈毅称之为“惊天地而泣鬼神的壮举”。1946年3月，苏皖边区政府在刘老庄乡为八十二名英烈修建了烈士陵园和纪念碑。

纪念碑正面是“八十二烈士碑”六个隶书大字，背面镌刻着时任苏皖边区政府主席李一氓撰写的碑文。整个碑文共分九段，九百四十余字。碑文详细记载了敌我双方的力量对比：日军“三个步兵大队，一个骑兵大队，配备有野战炮、重机枪”“上一百门”火炮，我军“一个连八十二个人”只有短枪、步枪、机枪、手榴弹；记载了战斗的经过：“从拂晓到黄昏，度过那极端紧张、残酷、饥饿、悲壮的十二小时。只有枪声、炮弹声、手榴弹声”，敌人发起了四次进攻，全部无效；记载了双方死亡的人数：敌方“法西斯腐臭的瘟尸二百几十具”，我方“八十二个中国人民的战士，每一个都染洒着透红的中国人民的鲜血”；记载了有名的英烈姓名——“连长白思才、指导员李云鹏”，和无名的“司号员、炊事员”……碑文深情地写道：“淮阴现在是胜利的和平了……八十二烈士的灵魂是应该安慰了，但是，不会忘记的，烈士们的亲密的同伴，还在山海关的长城外为中国人民的事业奋斗，他们也更不会忘记这八十二个烈士，因为这是他们最好的榜样”，“我不能不回忆生者，更不能不悼念逝者。向八十二烈士，我致布尔什维克的敬礼！”

诵读碑文，思绪万千。透过那一个个语词、一段段文字，

淮阴八十二烈士墓碑记（八十二烈士陵园　供图）

八十二个高大的光辉形象跃然映入眼帘、涌进心扉，他们的英雄壮举深深震撼着人们！

英勇顽强、不怕牺牲的革命英雄主义，是碑文给人的第一冲击力。抗日战争是中国人民所经历的最惨烈、最悲壮的一场救亡图存战争，也是中华民族近代以来抗击外敌入侵第一次取得完全胜利的民族解放战争。刘老庄战斗规模虽然不大，但是其过程之艰险、对抗之激烈、搏击之惨烈却极为罕见。尤其是八十二烈士所展现出来的冲天豪气、决死风范更是令人钦佩之至。这次战斗是中华民族十四年抗战的一个缩影，也是中国共产党领导全民抗战的真实写照。碑文客观还原了这场战斗血与火的场景，生动刻画了八十二烈士英勇善战、宁死不屈的英雄形象。这些伟大的英雄，是我们民族的脊梁。英雄们身上所具有的“一不怕苦、二不怕死”、压倒一切敌人而决不向敌人屈服的革命英雄主义精神，是人民军队从小到大、由弱到强、从胜利走向胜利的强大动力。在“胜利的和平了”的今天，我们“不会忘记这八十二个烈士”，一定会永远铭记他们的贡献，崇尚英雄，捍卫英雄，学习英雄，关爱英雄，见贤思齐，勠力同心，为完成英雄未竟的事业而接续奋斗。

抗日战争时期，中国共产党的中流砥柱作用是抗战胜利的关键。党领导的新四军在淮海抗日根据地进行的斗争，为抗战的全面胜利作出了重要贡献。“刘老庄连”八十二烈士成功粉碎了日军大“扫荡”，为保卫抗日根据地献出了宝贵生命。随着中国特色社会主义进入新时代，我们前所未有地接近实现中华民族伟大复兴的目标。尽管前进路上还有许多新的“娄山关”“腊子口”需要我们去攻克，但我们决不会屈服于任何敌人的封锁和任何形式的极限施压。正像在革命英烈面前没有完不成的任务、没有克服不了的困难一样，中国共产党人和中国人民也没有战胜不了的困难和敌人。当前，全党正在开展的“不忘初心、牢记使命”主题教育，必将更加激发我们以民族复兴不断前行的崭新成就，告慰包括“刘老庄连”八十二烈士在内的所有革命先烈，把中国人民的伟大事业进一步推向前进。

共产主义是人类最伟大的理想，共产党人是用特殊材料炼成的钢。在共产党人的精神家园中，革命理想高于天。碑文的点睛之笔是它的最后一句话：“向八十二烈士，我致布尔什维克的敬礼！”人们不知道，八十二位烈士中究竟有多少共产党员，但可以肯定的是，连长白思才和指导员李云鹏是共产党员，这支连队是共产党绝对领导下的英雄连队。八十二位烈士赴汤蹈火、视死如归，支撑他们的理想信念是共产主义，这是共产党人的“魂”。魂者，阳气也；器物之统摄也。正是在这个意义上，与其说八十二烈士碑是用文字写成的，不如说它是用共产主义这个共产党人的灵魂铸就的。

丰碑是有形的，也是无形的；丰碑既矗立在庄严肃穆的烈士陵园，又长留在历史的长河和人民的心中。

（作者：黄金龙）

铭记海上抗战历史的光辉一页

——大鱼山战斗革命烈士纪念碑碑文敬读

在浙江省舟山市岱山县西北的东海海域，有一个形如遨游在海中的大鲨鱼的岛屿，这就是大鱼山岛。抗日战争时期威震东海的大鱼山血战就发生在这里，它是新四军唯一一次海岛战斗，也是人民军队进行的第一次海岛作战，在军史上留下了独特而又光辉的一页。

在当年烈士血染的地方矗立着大鱼山战斗革命烈士纪念碑，碑文如下：

一九四四年八月二十一日，新四军浙东纵队命令海防大队第一中队向大鱼山岛进发，在舟山开辟海上隐蔽的游击革命根据地。因敌特告密于八月二十五日，敌人拼凑一百多个日军和四百余个伪军，调遣五艘木壳机轮，二艘登陆艇和“105”号大型战舰和两架飞机，在猛力火力的掩护下包围大鱼山岛。坚守在大鱼山岛的六十四名指战员，英勇顽强地与日、伪军浴血奋战七小时，终因

寡不敌众，除一部份同志突围外，三十七名指战员，壮烈牺牲。

长期以来，大鱼山战斗革命烈士纪念碑在当地发挥着继承革命传统、弘扬爱国主义精神的作用。

（一）

自从那场血战发生后，每年的农历七月初七，岛上的居民都会把这一天作为岛上的忌日，自发来到烈士血染的地方，用当地渔民特有的方式祭奠在这里壮烈殉国的新四军战士。20世纪50年代，他们又将散葬于各处的烈士遗骨集中迁葬到当年的主战场——大岙岗，并在山顶立了一块花岗岩石碑。1988年，中共岱山县委、县政府为更好发挥遗址遗存的爱国主义教育作用，拨专款在大岙岗山腰上修建了这座大鱼山战斗革命烈士纪念碑。碑身呈塔形结构，用白色大理石砌成，高7.75米，占地19.6平方米，正面镌刻着“革命烈士纪念碑”七个金色大字；碑座正面是“大鱼山战斗英勇牺牲的革命先烈永垂不朽！”的铭文，碑座两侧分别刻着纪念碑碑文和三十七位烈士的英名，尚有五位无名烈士没能刻上。

（二）

重读碑文，不禁让人回到战争岁月。1944年，为配合盟军的太平洋大反攻，浙东新四军游击纵队派遣海防大队第一中队深入位居东海要冲的大鱼山岛，开辟海上隐蔽的抗日根据地，作为海上反攻的跳板。8月21日，第一中队的六十四名指战员夜渡上岛以后就积极宣传政策，发动群众，争取驻守在岛上的伪军。但他们的行动还是让汉奸跑去告了密。8月25日正是农历的七月初七，日军以绝对优势的兵力团团包围了大鱼山岛，一场血战就此展开。

这是一次兵力、武器装备悬殊的战斗。我军六十四人，仅有机枪三挺、土炮两门、长短枪五十多支，每人配备手榴弹四颗、子弹一百发；而日军投入海陆空五六百人，出动舰艇十多艘、飞机两架，各种大口径火炮、机关枪数十门。敌人总兵力近十倍于我，火力数十倍于我，注定这次战斗是一场恶仗。但身陷险境的新四军指战员临危不惧，迅速抢占了岛上的三个制高点，与由飞机、大炮武装的敌人连续激战七个小时，击退了敌人四次疯狂进攻。

这是一次彰显气节气壮山河的战斗。大鱼山岛孤悬海上，一时间外无救兵，后无退路。面对敌人的疯狂进攻，一天滴水未进的新四军战士顽强还击。子弹打完了用手榴弹，手榴弹用完了用石头砸，石头用完了就跟敌人展开肉搏战，抱着敌人跳下山崖滚入大海。指导员严洪珠身负重伤，仍然伏地爬行整个阵地鼓舞士气。他十六岁就参加革命，壮烈殉难时年仅二十二岁。当日伪军占领山岗，企图活捉伤员时，一名战士怀揣两颗手榴弹跃身冲向敌群，边跑边拉动引线，炸死多名敌军，自己也当场牺牲。烈士的鲜血染红了山岗，他们用鲜血和生命捍卫了民族的尊严，表现

大鱼山战斗革命烈士纪念碑（岱山县档案馆　供图）

了中国人民誓死保卫祖国神圣领土的英雄气概和大无畏精神。当年驻守舟山群岛的日军头目评价说“这是日军在中国海岛作战中所遇到的一次最顽强的硬仗”。敌我伤亡之比为2∶1，日军死伤五十多人，伪军死伤三十多人。但最后终因寡不敌众，弹尽粮绝，除一部分同志突围外，四十二壮士血洒大鱼山岛，他们的英灵永远屹立在这片山岗上，守卫着海岛。

当时人们就说：“北有狼牙山，南有大鱼山。”这次战斗被誉为“海上狼牙山之战”。事后新华通讯社发了战报，新华广播电台向全世界广播了这场重创敌寇的海上战斗，《解放日报》作了全文转载，浙东《战斗报》社为此专门出版了《血战大鱼山》连环画，还有人专门谱写了纪念这次战斗的《海防大队之歌》——“呼呼怒吼的风啊！白浪滔滔的海啊！漂泊在海上的船啊！都有我们同志在啊……”此战规模虽小，较少见诸史册，但其悲壮激烈却是十四年抗战的一个缩影。

（三）

大鱼山战斗革命烈士纪念碑碑文虽然不到二百个字，但是它简洁有力，主题鲜明，具有重要的历史价值和教育意义。

一是详尽叙述了事件的全部经过。纪念碑碑文按照内容划分，可分为纪传体碑文和纪事体碑文两种。大鱼山战斗革命烈士纪念碑碑文属于纪事体碑文，不但说明了当年那场血战发生的时间、地点，涉及的部队、人物，而且交代了事件的前因、后果以及经过，使后人对那场战斗的了解清楚明白，读来栩栩如生，情景历历在目。

二是抒发了对革命烈士深切的怀念和敬仰之情。碑文开头点明了当时革命形势的严峻和环境的恶劣，又彰显了新四军战士不畏艰险敢于牺牲的大无畏精神和英雄气概。接下来对敌人兵力、装备的详细记录，反衬了新四军战士不畏强敌、浴血奋战的英勇顽强，敬仰之情油然而生。碑文最后交代悲壮的战局，又使人一下陷入深痛的追思和怀念之中。

三是激励后人弘扬爱国主义精神。新中国已经成立七十年了，我们永远不能忘记红色政权是从哪里来的、新中国是怎么建立起来的。正是无数先烈用鲜血和生命换来了今天的幸福生活，我们一定要倍加珍惜！要坚定不移地沿着革命先辈们开辟的道路走下去，不断发展壮大自己，为实现中华民族伟大复兴的中国梦而不懈奋斗。

（作者：葛传根）

为人民而死虽死犹荣

——“四八”烈士纪念碑碑文敬读

“四八”烈士陵园坐落于革命圣地——延安，是中国共产党最早的一座高规格烈士陵园。因安葬1946年4月8日空难牺牲的王若飞、叶挺、秦邦宪、邓发等十三名烈士而得名。陵园还安葬着在延安时期牺牲的关向应、张浩、张思德等革命先烈。

步入陵园，一座塔状的汉白玉纪念碑耸立其间。碑高19.46米，寓意烈士遇难的1946年。碑身正面镶嵌着毛泽东手书的“为人民而死虽死犹荣”九个大字。正面碑座上雕有一只汉白玉花环。碑身后面呈四层阶梯式，塔下有八级台阶，象征遇难时间4月8日。顶部雕有中国共产党党徽——镰刀和锤头，象征中国共产党。最高一层四面都刻着五角星，代表中国人民的革命事业。碑座右侧刻有“四八”烈士遇难碑记。

碑文共八百余字，质朴而全面地记载了“四八”烈士遇难的历史背景、经过及全党化悲痛为力量的决心。

碑文开篇即点出烈士牺牲的历史背景。抗战胜利后，中国面临两种命运、两个前途的决战。中国共产党主张团结一切爱国民主力量，把中国引向独立、自由、民主和光明，并为此作出极大的努力和开展针锋相对的斗争。但“一九四六年四月八日，因全国停战协定、东北停战协议、整军方案以及政治协商会议关于宪草原则、人权保障、和平建国纲领等项决议的实现，遭受国民党严重阻挠，为与中共中央商讨坚持上述各项协定之方略，王若飞，秦邦宪同志冒恶劣天气，毅然乘美国C47式运输机，由重庆返延”。同机返回的还有皖南事变中遭国民党非法拘禁五年之久，经我党多次严正交涉终于获释的新四军军长叶挺及其夫人、女儿、幼子和在巴黎参加了世界职工代表大会的解放区职工代表邓发等。

据碑文记载：“八日下午二时许，飞机抵延安上空，是时，雨雾沉沉，乌云低暗，能见度极差，与地面失去联系，只得返回西安，不幸途中迷失方向，误入山西兴县境内，与海拔二千余米之黑茶山相撞，同机十三位同志及美国四名飞行员，计十七人全部遇难！”

烈士们的生命就这样戛然而止，这牺牲何其突然，又何其壮烈！

王若飞原名王运生，年少时读到《木兰辞》中“万里赴戎机，关山度若飞”一句时，便将自己的名字改为“若飞”。自此，他的人生犹如他起的名字一样，向人民、民族最需要处奋进。他1922年加入中国共产党，1931年因叛徒告密不幸被捕。敌人对他

“四八”烈士纪念碑（“四八”烈士陵园　供图）

严刑拷打、万般利诱，甚至以枪毙来恫吓他屈服，但他在刑场上视死如归的强大气场，竟让敌人也震撼。当时的国民党绥远省主席傅作义感慨：军人上战场，脸色也得白一白，而王若飞在刑场上竟面不改色、态度自若。

当枪毙不能使王若飞屈服时，敌人便将他独自一人关进了不见天日的小黑牢。铁条分割了他的天空，墙壁阻挡了他的身躯，但冰冷的黑牢锁不住他铁一般的刚强，严刑拷打折不断他对共产主义的信仰。他早就做好了牺牲的准备，在给爱人李培之的诀别信中说："忘掉我！不要为我的牺牲而伤痛……我们在红旗下聚齐，又在红旗下分手。战士们虽然在红旗下倒下，但革命的红旗却永远不倒，它将随着战士的血迹飘扬四方！这就是我们的胜利！请您伸出双手，来迎接我们的胜利吧！"

1937年5月，国共合作统一战线基本形成，党组织将王若飞营救出狱。由于他长期被单独关押在不见天日的小黑牢里，什么也听不见，什么也看不见，他只能来来回回在里面转，嘴里单调地数着："一、二、三、四、五……"天长日久，无情的折磨使他的精神受到极大摧残。刚出狱时，他常常一个人呆呆地坐着，自言自语。看到这位曾经颇具口才的演讲活动家被折磨到这种境地，许多人掉下了眼泪，后来经过医治，王若飞才渐渐恢复正常。此后，他为党做了大量的工作，尤其是三次赴重庆谈判，表现了杰出的谈判才能，连国民党都称他为共产党的"王铁嘴"。

叶挺是北伐名将，人民军队的创始人之一，新四军领导人。

1941年1月，叶挺在皖南事变中被国民党扣押。在五年多的牢狱生涯中，蒋介石曾多次派人来劝降，还让叶挺同妻子儿女团聚，想以骨肉之情软化他。但这一切都是徒劳的，叶挺经常讲："一个革命者要有三军可夺帅，匹夫不可夺志的坚强意志。"在狱中他写下著名的《囚歌》以诗言志："我渴望着自由，但是也深知道，人的躯体那能由狗的洞子爬出！我只能期待，那一天，地下的火冲腾，把这活棺材和我一齐烧掉，我应该在烈火和热血中，得到永生。"

1946年3月4日，经中共中央多方努力，叶挺终获自由。他出狱后第二天即电告中共中央，请求重新加入中国共产党。3月7日，毛泽东代表党中央复电叶挺，批准他入党，并以"亲爱的叶挺同志"相称。叶挺的愿望实现了，他激动地流下了热泪。为此，一家四口特意在盛开的梅花树下照了一张合影，叶挺夫人曾对人说，我从来没有见他像今天这样高兴过。

可谁能想到，马上就要和党、和亲人在延安重聚了，死神却夺去了他宝贵的生命，连同他的夫人李秀文、十一岁的可爱女儿叶扬眉，三岁的小儿子叶阿九。还有他亲密的战友秦邦宪、邓发……

他们在沙场上身经百战不死，他们在敌人的监牢里定了死刑都没死，怎么就一下全牺牲了呢？当中国人民正迫切需要他们时，怎么就突然不见了呢？他们钢铁般的誓言还铮铮在耳，他们身处枪林弹雨和铁窗刑场之中的坚定不移还在眼前。他们面对人民、亲人时的柔情和面对敌人时的刚强，是那么完美的统一！怎么说不在就不在了？

不，他们并没有死！他们都还活着，他们活在千千万万的人民心中。“四八”烈士的牺牲唤醒了“万万以上的中国人民”。碑文写道：“噩耗传来，举国震惊，四海同悲。全国各地迅速掀起声势浩大的悼英烈、反内战、要和平之新浪潮，边区参议会为此休会一日，并通令边区悬半旗三日、停止娱乐一月致哀。十九日，延安各界三万余人隆重举行葬仪和追悼大会，以哀悼这些为坚持人民和平民主事业而牺牲的伟大死难者，激励革命不断走向前进！”

烈士们的鲜血不会白流，正如习仲勋在纪念他们的文章中所写：反动派“以为流血会把人民吓退。然而人民流的血，人民战士们流的血，会把那些吃血者们淹没的。中国人民已经走上胜利的道路，人民的战士仍将前仆后继，把悲痛立刻变成勇气，变成力量”。

七十多年来，“四八”烈士为了新中国英勇牺牲的精神，激励着无数共产党人向着“为中国人民谋幸福，为中华民族谋复兴”的目标奋斗不止。只有不忘初心、牢记使命，才能将烈士们逝去的悲苦化为永远奋斗的力量，才能“一心一德，誓争胜利慰英灵”！

（作者：钱均鹏）

为解放华北和全中国奠定了胜利基础

——辽沈战役革命烈士纪念碑碑文敬读

东北解放战争是中国人民解放战争的开篇，辽沈战役的胜利是扭转全国战局的一个新的转折点，革命与反革命力量对比从此发生了根本变化。为了缅怀牺牲的革命烈士，褒扬其历史功绩，鼓舞和教育后人，在辽沈战役战略决战的发生地——辽宁省锦州市，建成了辽沈战役革命烈士纪念碑。碑文全文如下：

第三次国内革命战争时期，中国人民解放军东北部队，在中国共产党英明领导和东北人民的支援下，经过三年艰苦卓绝的斗争，最后于一九四八年秋把东北境内蒋军主力分别包围在长春、沈阳、锦州三个地区。我军为了全部歼灭敌军，于一九四八年九月十二日发动了大规模的辽沈战役，向敌军展开了全面的进攻。

战役开始，我军首先解放兴城、义县，截断了敌军向华北的退路，继而又切断了锦州同锦西葫芦岛的联系，完全把锦州敌军包围起来。自十月九日起，我军在塔山地区又阻击了从海上调来

增援的敌军九个师，我军以少胜多，奋战七昼夜，使敌军不得前进一步。十四日我军对锦州发起总攻，于十五日十八时胜利结束战斗，全歼守敌十万余人，解放了北宁路上的战略要点——锦州，从而扼住了东北蒋军向关内联系的咽喉。在我军这一胜利声威震撼下，长春守敌一部起义，其余投降。这时，沈阳地区敌军主力从沈阳进到彰武一带，企图重占锦州，打开南逃通路。我大军迅速由锦北上，以雷霆万钧之势，对该敌展开大规模分割包围，决战于黑山、大虎山地区，经两昼夜的激战，全部歼灭敌军，我军乘胜向沈阳、营口进军，十一月二日沈阳、营口相继解放。至此，历时五十二天的辽沈战役胜利结束，共歼蒋军精锐四十七万余人，东北全境宣告解放。

辽沈战役是解放东北的最后一战，为解放华北和全中国奠定了胜利的基础。在这一战役中光荣牺牲的革命烈士们，把自己宝贵的生命献给了伟大的人民解放事业，用鲜血换来了祖国人民的幸福生活，他们将永远活在人民心里，他们的丰功伟绩，永远在中国人民历史上放射光辉。

辽宁省第一届人民代表大会

公元一九五七年十一月二日　立

纪念碑位于辽沈战役烈士陵园内，碑高2.3米、宽5.2米，灰白色大理石上镌刻着1957年11月2日辽宁省第一届人民代表大会通过的辽沈战役革命烈士纪念碑文。与纪念碑一起修建的是辽沈

辽沈战役革命烈士纪念塔
（张三军　拍摄）

战役革命烈士纪念塔，碑与塔融为一体，构成了辽沈战役纪念园区的主体，显示出深厚的红色革命文化底蕴。纪念塔塔身高八米，正面镶嵌着朱德题写的“辽沈战役革命烈士永垂不朽”十二个鎏金大字，塔顶是一座持枪振臂呐喊的青铜铸就的解放军战士全身塑像。塔身两侧是长8.8米、高2.4米的花岗岩浮雕群像，表现的是锦州攻坚战和辽西围歼战的战斗场面。

锦州人民广播电台编辑部李楠为碑文的执笔者。这篇六百余字的碑文，深度解读历史，精准阐述了中国共产党领导东北人民革命斗争的正确道路，清晰展现了东北解放战争历史进程的整体画面，倾注了人们对东北解放斗争中牺牲英烈的深切缅怀，褒扬了东北人民在战争中表现出来的英雄气概，为烈士纪念碑的设计确定了鲜明时代主题。

首先，概括梳理了中国共产党领导东北解放战争的历史进程。碑文以辽沈战役军事主题为切入点，全景展现了一幅东北解放战争波澜壮阔的历史画卷，清晰地表现了国共双方战略决战的宏大场面。辽沈战役发生在抗日战争胜利后的东北大地，经过夏、秋、冬攻势，东北人民解放军于1948年9月12日起在南至辽宁西部，北至沈阳、长春等地的千里战线上，同国民党军展开了战略决战，双方共投入兵力一百五十万之众。决战的气息渐浓，辽沈战役呼之欲出，碑文渲染了足够的笔墨在战役细节，这为我们展现了一部荡气回肠、可圈可点的信史。

其次，揭示了辽沈战役胜利的诸多因素和伟大意义，从中

辽沈战役革命烈士纪念碑文（张三军　拍摄）

提升概括出中国共产党领导是东北解放战争的最本质特征。碑文叙述伊始，即明确了东北解放战争性质是中国共产党领导的人民战争，这是对东北革命斗争历史经验的高度凝练。抗日战争胜利后，中共中央东北局在党中央的正确领导下，致力于东北革命根据地的建立和巩固。建立根据地的中心工作就是发动群众，这是关系着中国共产党在东北成功与失败的大问题。为此，东北局在通过“七七决议”后，先后派出1.2万名干部，“到乡村中去，到农民群众中去，不怕脏，不怕烂，住到农民的家里去，和农民在一起，学习东北农民的语言，了解他们的情况，领导他们的斗争，解决他们的切身要求，把他们组织起来武装起来，紧紧团结在党的周围”。有正确的决策，有人民群众铜墙铁壁般的真心拥护和支持，东北解放战争的胜利最终必定属于人民。在结尾部分，碑文强调了辽沈战役的重要意义，这与毛泽东提出的辽沈战役的胜利使“中国的军事形势现已进入了一个新的转折点，这是中国革命的成功和中国和平的实现已经迫近的标志”，结论是完全一致的。

最后，碑文的写作风格值得称道，虽无华丽辞藻，但细腻可究，信息完整准确，历史启示深刻明确，堪称经典。从行文上看，碑文全景式描述了军事斗争的丰富场面，紧紧抓住了这一历史进程的系统性，贯穿着科学的历史时空观，进而揭示出东北地区近代革命斗争的历史规律，显示出人民战争的正义性。一方面，文风简洁，史论结合，主题鲜明，恰到好处。碑文把叙事与论史严谨地结合起来，一气呵成地向读者展示了东北解放战争的全景画。读过碑文，革命英雄主义的博大气象给人以对牺牲烈士无限的思念和景仰，一种庄严壮丽的气氛油然而生。另一方面，把握了东北革命战争的规律性，贯穿了“以人民为中心”的理念。与国内历次革命斗争一样，紧紧依靠成千上万的人民群众，东北解放战争赢得了胜利，因为这是正义的事业。碑文多次提到“人民”，深切缅怀在战争中牺牲的革命烈士，强调这场战争是为了人民的幸福生活，依靠人民的全力支援，体现了人民战争性质，这正是中国共产党人的初心和使命在东北人民革命斗争中的生动体现，纪念主题由此升华到一个新的高度。

辽沈战役革命烈士纪念碑文，具有浓厚的历史文化价值，全面概述解放战争期间东北人民浴血奋斗的艰辛历程，反映了东北三千七百万人民继承先烈遗志、鼓舞人民的价值追求，不仅镌刻在纪念碑上，也永远铭记在人民心中。

（作者：李波）

人民群众用小推车推出来的胜利

——淮海战役烈士纪念塔碑文敬读

淮海战役烈士纪念塔屹立于江苏省徐州市凤凰山东麓，面东朝阳，气势恢宏。塔高38.15米，由塔帽、塔徽、塔身、塔基等几个部分组成。上端粗犷有力的回形石刻花饰围绕塔顶一周，正面镶刻着五角星、两支相交的步枪和松子绸带组成的塔徽，象征着在中国共产党领导下，华东、中原两大野战军密切协同作战，共同夺取胜利，烈士们的革命精神万古长青及人民对淮海英烈的无限缅怀。塔身正面中部，镶嵌着由毛泽东亲笔题写的塔名——“淮海战役烈士纪念塔”九个鎏金大字。塔座正面雕刻着碑文。碑文如下：

公元一千九百四十八年十一月六日至翌年一月十日，中国人民解放军在以徐州为中心，东起海州，西止商丘，北自临城，南达淮河的广大地区，进行了伟大的淮海战役。

淮海战役是在中国人民解放战争战略决战胜利展开之际发

动的……

淮海战役的胜利，是毛泽东同志伟大军事思想的光辉体现，是人民解放军和广大人民艰苦奋斗、英勇善战的结果。战役中，参战部队全体指战员敢于打大仗、打硬仗，不怕敌人的飞机、大炮、坦克、毒气，冒风雪，涉冰河，架人桥，闯火阵，逐村逐屋激战，一沟一堡争夺，前仆后继，奋不顾身，表现了一往无前，压倒一切敌人的英雄气概。被解放的蒋军士兵，立即加入人民解放军行列，控诉国民党反动派罪行，调转枪口，杀敌立功。华东、中原、华北地方党政机关和广大人民全力支援，要人有人，要粮有粮；二百万民兵、民工，冒枪林弹雨，忍风雪饥寒，千里远征，随军转战，对战役的胜利作出了巨大的贡献。

淮海战役中，许多中国人民的优秀儿女为人民解放事业献出了宝贵的生命，立下了不朽的功勋。烈士们的高风亮节，激励着我国人民在建设社会主义和共产主义的壮丽事业中奋勇前进！

英雄们的伟大业绩与日月争辉！

烈士们的革命精神万古长青！

碑文共七百余字，气势磅礴，铿锵有力，生动感人，书法遒劲，具有丰富的历史内涵与精神价值。

淮海战役烈士纪念塔（淮海战役纪念馆　供图）

毛泽东亲笔题写塔名

为纪念淮海战役的伟大胜利，弘扬老一辈革命家的丰功伟绩和英烈们的革命精神，1959年4月4日，国务院决定在江苏省徐州市兴建淮海战役烈士纪念塔，同时兴建淮海战役纪念馆。5月10日，由江苏、山东、安徽、河南四省和南京、济南两大军区共同组成的建塔委员会正式成立。随后，建塔委员会向全国征求建塔设计方案，最终以著名建筑学家杨廷宝的设计方案为主，经过五次修改上报国务院审批。时任中共中央书记处书记邓小平审阅并同意了设计方案，并转请陈毅阅批。陈毅审阅并与刘伯承、李先念商讨后，同意建塔设计方案，并在上报的“淮海战役纪念塔”塔名中增加了“烈士”两字，至此纪念塔规划设计最终确定。

1959年底，国家开始压缩基建规模。纪念塔能否续建也提到议事日程。12月22日，时任国务院副总理习仲勋就修建纪念塔问题向内务部转达了意见，指出“淮海战役纪念塔肯定应该修建”，同时要求“要把纪念塔拟修建的过程和必要报请中央的理由说一下”。在习仲勋等中央领导的关心下，纪念塔工程继续进行。

建塔委员会紧接着报请党中央，请求毛泽东为纪念塔题字。1964年11月11日，建塔委员会收到内务部寄来的毛泽东亲笔书写的“淮海战役烈士纪念塔”行草大字，有的字毛泽东还写了几遍，

淮海战役烈士纪念塔（淮海战役纪念馆　供图）

供建塔委员会遴选。碑文是在建塔委员会1963年1月11日上报的草稿基础上，由时任副总参谋长张爱萍同原参战的中原、华东野战军部队和解放军报社等单位共同研究修改，经陈毅润笔后定稿，书法家蒋吟秋用隶书书写而成。

1965年11月6日，经过五年建设施工，淮海战役烈士纪念塔正式建成开放。

深刻揭示胜利原因

淮海战役烈士纪念塔碑文的主要内容概括为三个方面。

首先，全面概述淮海战役背景、战役进程和历史意义。淮海战役是解放战争时期战略决战阶段，解放军以徐州为中心，对国民党军南线八十万主力发起的规模巨大的战略决战。历经三个阶段、六十六天的鏖战，消灭了国民党军在南线的精锐兵团，解放了长江以北的豫皖苏广大地区，造成了“饮马长江、解放全国”的有利态势。淮海战役以其辉煌的战绩，同辽沈、平津战役一起，被誉为中国人民解放战争史上具有决定意义的三大战役，决定了中国革命取得根本性的胜利。

其次，深刻揭示淮海战役胜利原因。淮海战役的胜利是毛泽东军事思想的伟大胜利。人民军队在兵力、装备均不占优势的情况下，创造性地运用和发展毛泽东军事思想，创造了中外军事史上以少胜多的奇迹，在中国革命的历史上树立起了一座经典战役丰碑。淮海战役的胜利是人民战争的伟大胜利。人民群众不惜倾家荡产，全力以赴支援，为战役胜利提供保障，展现了人民战争波澜壮阔的宏伟场面。正如陈毅所说：“淮海战役是人民群众用小推车推出来的。”

最后，热情歌颂淮海英烈伟大业绩。淮海战役中，三万多名中华民族的优秀儿女，为了中国人民的解放事业献出了宝贵的生命。除去战场休整时间，平均每天牺牲人数达七百人，每两分钟就有一位烈士牺牲在战场。他们的英雄气概与高尚品质，将与日月同辉，永远激励后人开创美好的未来。

大力弘扬淮海战役精神

立足新时代，我们需要继承发扬“听党指挥、依靠人民、团结协同、决战决胜”的淮海战役精神。

听党指挥、信念坚定，是淮海战役胜利的根本保证。万山磅礴必有主峰，听党指挥是人民军队与生俱来的红色基因。在这场规模空前的大决战中，华东、中原两大野战军坚决听从党中央和总前委的统一指挥，闻令而动、遵令而行、步调一致，充分展现了对党忠诚和高度的组织纪律性。

相信人民、依靠人民，是淮海战役胜利的力量源泉。毛泽东曾经指出，“战争的伟力之最深厚的根源，存在于民众之中”。淮海战役中军队打到哪里，人民群众就支援到哪里，充分体现了党领导下的人民群众所具有的无穷无尽的力量，只有人民，才是革命战争胜利的源泉。

团结协同、众志成城，是淮海战役胜利的重要前提。淮海战役中，华东、中原野战军首次联合作战，参战部队多，隶属不同指挥机构，在总前委的统一指挥调度下，两大野战军从大局出发，同心协力，互相支援，充分发扬各自的特点和优势，形成了整体作战的强大威力。

一往无前、决战决胜，是淮海战役胜利的精神动力。淮海战役中，面对兵力和武器都处于优势的国民党军，解放军广大指战员凭着一往无前的勇气，与敌人比意志、比智慧，挑战极限，与时间赛跑，弥补了在人数、武器方面的不足，为整个战役的胜利创造了极为有利的条件。

（作者：蒋越锋）

千古雄文　新闻名篇

——南阳解放纪念碑碑文敬读

南阳解放纪念碑坐落于历史文化名城河南省南阳市。南阳人杰地灵，曾孕育出范蠡、张衡、张仲景、诸葛亮等历史名人。诸葛亮在《出师表》中的名句“臣本布衣，躬耕于南阳”更是让南阳蜚声海内外。南阳是豫西南重镇，自古以来水路交通发达，历来为兵家必争之地。

（一）

1997年元旦，为纪念南阳解放五十周年（1948—1998年），南阳市政府经中央批准开始兴建南阳解放广场和纪念碑。南阳解放纪念碑由碑身、碑脚、碑座三部分组成。纪念碑碑身高大雄伟，呈六边形棱柱，外饰白色花岗岩。碑脚为六边形图案，具有浓郁的民族风格和文化色彩。碑座高4.8米，象征着南阳1948年解放。碑座外形呈五角星图案，从空中俯瞰纪念碑，可以看到一个以五角星为基本图形的勋章图案。碑身正面镌刻原国家主席李先念题写的“南阳解放纪念碑”七个金色大字。东西两侧是由汉白玉雕刻的浮雕画面，分为“革命狂飙”“救亡岁月”“胜利凯歌”“辉煌明天”四个主题，展现了南阳辉煌的革命历程和对未来美好生活的向往。背面刻有毛泽东撰写的《中原我军占领南阳》的新闻稿，叙说了南阳解放的传奇，更是为纪念碑增添了历史厚重感，引发后人无限追思。

（二）

1948年11月4日，守敌王凌云弃城南逃，中原解放军占领南阳。一向关心南阳战况的毛泽东闻讯后，戎马倥偬之中，大笔如椽，为新华社起草了《中原我军占领南阳》的新闻稿，热情讴歌了人民解放军的伟大胜利。11月9日，《人民日报》头版刊登了这篇新闻稿，全文如下：

在人民解放军伟大的胜利的攻势下，南阳守敌王凌云于四日下午弃城南逃，我军当即占领南阳。南阳为古宛县，三国时曹操与张绣曾于此城发生争夺战。后汉光武帝刘秀，曾于此地起兵，发动反对王莽王朝的战争，创立了后汉王朝。民间所传二十八宿，即刘秀的二十八个主要干部，多是出生于南阳一带。在过去一年中，蒋介石极重视南阳，曾于此设立所谓“绥靖区”，以王

南阳解放纪念碑（秦忠祥　拍摄）

凌云为司令官，企图阻遏人民解放军向南发展的道路。上月，白崇禧使用黄维兵团三个军的力量，经营整月，企图打通信阳、南阳间的运输道路，始终未能达到目的。最近蒋军因全局败坏，被迫将整个南部战线近百个师的兵力，集中于以徐州为中心和以汉口为中心的两个地区，两星期前已放弃开封，现又放弃南阳。从此，河南全境，除豫北之新乡、安阳，豫西之灵宝、阌乡，豫南之确山、信阳、潢川、光山、商城、固始等地尚有残敌外，已全部为我解放。去年七月，南线人民解放军开始向敌后实行英勇的进军以来，一年多时间内，除歼灭了大量的国民党正规部队以外，最大的成绩，就是在大别山区（鄂豫区）、皖西区、豫西区、陕南区、桐柏区、江汉区、江淮区（即皖东一带）恢复和建立了稳固的根据地，创立了七个军区，并极大地扩大了豫皖苏军区老根据地。除江淮军区属于苏北军区管辖外，其余各军区，统属于中原军区管辖。豫皖苏区、豫西区、陕南区、桐柏区现已联成一片，没有敌人的阻隔。这四个军区并已和华北联成一片。我武装力量，除补上野战军和地方军一年多激烈战争的消耗以外，还增加了大约二十万人左右，今后当有更大的发展。白崇禧经常说，“不怕共产党凶，只怕共产党生根”，他是怕对了。我们在所有江淮河汉区域，不仅是树木，而且是森林了。不仅生了根，而且枝叶茂盛了。在去年下半年的一个极短时间内，我们在这一区域曾经过早地执行分配土地的政策，犯了一些策略上的“左”的错误。但是随即纠正了，普遍地利用了抗日时期的经验，执行了减

租减息的社会政策和各阶层合理负担的财政政策。这样，就将一切可能联合或中立的社会阶层，均联合或中立起来，集中力量反对国民党反动统治势力及乡村中为最广大群众所痛恨的少数恶霸分子。这一策略，是明显地成功了，敌人已经完全孤立起来。在我强大的野战军和地方军配合打击之下，困守各个孤立据点内的敌人，如像开封、南阳等处，不得不被迫弃城逃窜。南阳守敌王凌云统率的军队是第二军、第六十四军以及一些民团，现向襄阳逃窜。襄阳也是国民党的一个所谓“绥靖区”，第一任司令官康泽被俘后，接手的是从新疆调来的宋希濂。最近宋希濂升任了徐州的副总司令兼前线指挥所主任，去代替原任的杜聿明。杜聿明则刚从徐州飞到东北，一战惨败，又逃到了葫芦岛。王凌云到襄阳，大概是接替宋希濂当司令官。但是从南阳到襄阳，并没有走得多远，襄阳还是一个孤立据点，王凌云如不再逃，康泽的命运是在等着他的。

新闻稿共一千一百多字，语言优美、逻辑缜密、引经据典、气势磅礴、一气呵成。这篇杰作绝妙地运用历史背景，说明南阳的战略地位和我军占领南阳的意义。然后笔锋一转，诉说蒋介石重兵布防，企图遏止解放军南进的图谋失败，最终不得不弃城而逃，进而概述我军一年的战绩，以古论今，纵论战局，引人入胜。同时，运用比喻等修辞手法生动地点明了解放区受到人民群众的衷心拥护，已经“落地生根，枝繁叶茂”，这标志着全国解放已是大势所趋，极大鼓舞了解放区军民的斗志。胡乔木对这篇文章推崇备至，曾这样评价：“《中原我军占领南阳》，在古今中外的新闻史上，也没有第二篇。这篇文章写得很有气派，很精练，把解放战争和中国历史上的掌故很自然地联系在一起，真实反映了我们当时胜利进军中充满了势如破竹的气魄。”

（三）

毛泽东的这篇雄文讲的虽然是南阳一城的解放，但是绝不拘于一隅，而是以部分引出整体，将解放战争的整个进程全景式地展现出来，堪称综合报道的典范。抗战胜利后，国民党违背历史潮流，执意发动内战，向解放区发动全面进攻，失败后调整策略，向陕北和山东两个解放区发动重点进攻。毛泽东和党中央审时度势提出打到外线去的战略构想，解放军顺势展开了战略反攻：刘伯承、邓小平率领大军强渡黄河，千里跃进大别山；陈毅、粟裕领导下的华东野战军挺进豫皖苏平原；陈赓、谢富治兵团挺进豫西。三路大军成“品”字状，互相策应，挺进中原地区，威胁国民党的统治中心武汉和南京，使中原地区由国民党军队进攻解放区的重要后方，变成了解放军夺取全国胜利的前进基地。解放军占领南阳对中原战局产生了重要影响，使大别山根据地同豫西解放区连为一体，为中原决战创造了条件，也为后来的南下作战奠定了基础。“得中原者得天下”，在淮海战役前夕胜利解放南阳，在某种意义上，吹响了解放全中国的号角，事关全局，意义重大，因此获悉南阳解放的毛泽东欣然写下了这篇传世名作，让古老的南阳重新焕发出生机与活力。南阳胜利解放是无数革命先烈抛头颅、洒热血换来的丰功伟绩，他们大无畏的革命精神、奋斗精神、牺牲精神值得后世永远铭记。

（作者：向东洋）

百万雄师过大江

——渡江胜利纪念碑碑文敬读

渡江胜利纪念碑矗立于古城南京市鼓楼区热河路广场的中心。站在广场放眼望去，可以感受其恢宏气势，豪情顿生。在纪念碑的背面以毛泽东所作《七律·人民解放军占领南京》为碑文，碑文如下：

钟山风雨起苍黄，百万雄师过大江。虎踞龙盘今胜昔，天翻地覆慨而慷。宜将剩勇追穷寇，不可沽名学霸王。天若有情天亦老，人间正道是沧桑。

碑文简短精练，大气磅礴，寓意深远，是中国人民为争取彻底的民族独立和完全的人民解放而英勇斗争的真实历史写照，具有重要的历史价值和现实教育意义。

渡江胜利纪念碑（孙晨　拍摄）

碑文采用毛泽东手书诗词，邓小平亲笔题写碑名

为了纪念人民解放军横渡长江，一举解放南京的伟大历史壮举，缅怀在渡江战役中英勇战斗、为国捐躯的革命先烈，南京市人民政府在科学选址、广泛征集方案的基础上，于1979年1月20日开始兴建渡江胜利纪念碑。经过历时三个月的紧张施工，在当年的4月18日，即渡江胜利三十周年前夕，纪念碑顺利竣工。渡江胜利纪念碑的设计紧紧围绕渡江胜利这一主题，采用形体和数字相结合的设计手法，形象巧妙，别具匠心，富有感染力，为我们留下了一个革命纪念性建筑的佳作。

渡江胜利纪念碑总高度为23.4米，长约17米。在纪念碑的下面是一个边长为24米的正方形宽广台基，两边各留有五级阶梯方便人们上下参观游览。纪念碑是由两片白色船帆碑身和一个绛红色船体碑座组成的帆船形建筑，象征人民解放军百万雄师以木帆船为主要渡江工具横渡长江天堑，夺取渡江胜利的英雄壮举。两片白色的船帆左右对称，从上往下正好组成一个“八”字形。在两片白帆的上部镶嵌了一枚直径2.5米、重约400公斤的铜质渡江纪念章。与铜质纪念章相对应的背部是“1949.4.21”几个数字，这正是人民解放军渡江的时间。在纪念碑的碑座正面镶嵌着邓小平亲笔题写的“渡江胜利纪念碑”七个铜铸大字，在阳光下熠熠生辉，格外醒目。在碑座背面是毛泽东手书的《七

律·人民解放军占领南京》，热情讴歌了中国人民解放军排山倒海的英雄气概和改天换地的革命豪情，阐明了吸取历史经验教训，将革命进行到底的决心。

摧枯拉朽的百万雄师

国民党政府苦心经营长江防线，幻想依靠长江天险阻挡人民解放军渡江，并拒绝在最后的和平协定上签字，国共和谈宣告破裂。1949年4月20日晚，在以邓小平为书记的总前委统一指挥下，人民解放军百万雄师以木帆船为主要航渡工具，分东、中、西三路强渡长江。在西起湖口东至江阴绵延千里的漫长战线上，英勇的人民解放军以排山倒海之势，雷霆万钧之力飞渡天堑，国民党军队苦心经营的长江防线土崩瓦解。正如毛泽东4月22日亲自为新华社撰写的《我三十万大军胜利南渡长江》新闻消息中描绘的那样，"国民党反动派经营了三个半月的长江防线，遇着人民解放军好似摧枯拉朽，军无斗志，纷纷溃退"。4月23日，人民解放军第三十五军一举占领国民党政府统治中心——南京。这标志着统治中国将近二十二年的国民党反动政权垮台，饱经磨难的中华民族将步入新的历史，这在中国近代革命史上具有划时代的重大意义。远在北平的毛泽东从《人民日报》号外看到人民解放军占领南京的捷报之后，兴奋不已，即兴挥毫，写下了《七律·人民解放军占领南京》这首格局宏大、气势不凡的壮丽诗篇。

碑文短短五十六个字，叙议结合、引经据典，气象宏大、立意高远，凸显了深刻的思想主题。

一是以古诫今，号召务必坚定信念、乘胜追击，将革命进行到底。碑文中“宜将剩勇追穷寇”中的“剩勇”是指人民解放军，“穷寇”则用来形容国民党军队。进入解放战争后期，经过三大战役，尤其是刚刚胜利渡江，人民解放军势如破竹，越战越勇，士气正盛，勇气十足。国民党军队经历一系列惨败，军心涣散，士气低落，兵无斗志，将无战心，一触即溃，面临土崩瓦解。“不可沽名学霸王”，在这里借用楚汉相争时西楚霸王项羽的历史典故，以古喻今、以古诫今。面对当前的革命形势和一些人的错误主张，毛泽东以深邃的历史洞见、卓越的战略眼光，从正反两方面总结论证历史的经验教训。他指出要吸取历史教训，不能学习贪图虚名、半途而废的西楚霸王项羽，以致让敌人卷土重来，最终失败。要坚定信念，乘胜追击，绝不半途而废，绝不给敌人喘息之机，取得革命最终胜利。

二是阐明以新代旧、不断革命是人间正道，是人类社会发展的基本规律。碑文中“天若有情天亦老”，原是唐代诗人李贺《金铜仙人辞汉歌》中的诗句。毛泽东升华了原诗的格调和意境，指出世界上万事万物的运行、盛衰都是有一定客观规律的，人类社会的变化发展也是有规律的。“人间正道是沧桑”中的“人间正道”在这里指的是人类社会发展的基本规律。沧桑，是指沧海桑田，用以形容发生了翻天覆地的变化。通过引经据典，毛泽东深刻阐释了新事物取代旧事物，不断革新进步是人类社会发展的基本规律。同时也再一次雄辩地印证了前面提到的要将革命进行到底，彻底消灭国民党反动派的论点符合人类社会发展基本规律，是人间正道。

感悟渡江精神，凝聚前行力量

习近平总书记指出："中国革命历史是最好的营养剂。"渡江战役是一场伟大的胜利，是奠定全国解放的决定性战役。渡江战役是广大党员干部筑牢信仰之基、补足精神之"钙"的最好"营养剂"，也是开展"不忘初心、牢记使命"主题教育的一部"教科书"。渡江精神是渡江英雄们在排山倒海、气吞山河的渡江战役中表现出的鲜明革命品格和独特精神气质，是中国革命和建设事业的宝贵精神财富，是中国共产党人精神谱系的重要内容。渡江精神立意深远，内涵丰富，主要包括坚定信念、牢记使命的担当精神，排除万难、不怕牺牲的献身精神，军民同心、众志成城的团结精神，彻底革命、勇往直前的奋进精神。重温渡江战役，感悟渡江精神，是传承红色基因，永葆革命初心的必然要求，是推动全党更加自觉地为实现新时代党的历史使命而奋斗的题中之义。

我们怀着崇敬的心情重读渡江胜利纪念碑碑文，不仅要铭记往昔峥嵘岁月，缅怀革命先辈为新中国的建立作出的丰功伟绩，更要从中凝聚起干事创业的前进力量。我们要传承弘扬“坚定信念、不怕牺牲、军民同心、革命到底”的渡江精神，将红色基因融入时代、融入血脉、融入事业，打赢新时代的“渡江战役”，为实现中华民族伟大复兴努力奋斗，在中国特色社会主义新时代再立新功，以优异成绩告慰革命先烈。

（作者：孙明明）

志愿军丰功伟绩与日月争辉

——抗美援朝烈士纪念碑碑文敬读

抗美援朝烈士纪念碑是辽宁省沈阳市抗美援朝烈士陵园的标志性建筑，是为缅怀和纪念在抗美援朝战争中牺牲的中国人民志愿军烈士而修建。碑文四百多字：

一九五〇年六月，美国在占领我国领土台湾的同时，纠集十五个国家的军队，打着联合国的旗号，对朝鲜民主主义人民共和国发动了侵略战争。

中朝两国唇齿相依，安危与共。在反对帝国主义侵略的长期斗争中，两国人民一向相互支持，并肩战斗。中国人民不能容忍外国的侵略，也决不能听任帝国主义对自己的兄弟邻邦肆行侵略而置之不理。一九五〇年十月，中国人民响应中国共产党和伟大领袖毛主席的号召，掀起了轰轰烈烈的抗美援朝、保家卫国的运动，以自己最优秀的儿女组成中国人民志愿军，跨过鸭绿江，迎击侵略者。

中国人民志愿军，同英雄的朝鲜人民军一道，在朝鲜劳动党和朝鲜人民敬爱的领袖金日成同志的领导下，进行了艰苦卓绝的战斗，终于打败了美国侵略者，迫使美帝国主义在一九五三年七月签订了停战协定。朝鲜祖国解放战争的胜利，捍卫了中朝两国的安全，鼓舞了全世界人民反抗美国侵略的斗争意志，保卫了东方和世界的和平。

用马克思列宁主义、毛泽东思想武装起来的中国人民志愿军，在抗美援朝的斗争中，表现了崇高的无产阶级国际主义和革命英雄主义的精神。

中国人民志愿军的丰功伟绩，将千秋万代与日月争辉！

在抗美援朝战争中牺牲的烈士们永垂不朽！

一九六二年十月二十五日立

碑文内容简洁、意蕴深远，给人以教育和启迪。

（一）

进入沈阳抗美援朝烈士陵园，拾级而上，迎面矗立着抗美援朝烈士纪念碑。碑高二十三米，四棱锥形，花岗岩石和钢筋混凝土结构。

纪念碑正面是时任国家副主席董必武亲笔题字：“抗美援朝烈士英灵永垂不朽。”背面雕刻的祭文，由国务院起草、周恩来总理亲自审定。纪念碑东西两侧石壁上镶有八块大型铜制浮雕，形象地展现了中国人民志愿军英勇杀敌的激烈战斗场面。纪念碑顶部是中朝两国国旗，寓意着两国人民用鲜血染红的战旗永远高高飘扬；旗下是手握冲锋枪的中国人民志愿军战士铜像，眉宇间流露出凛然不屈的英雄气概。黑色卧碑正中雕刻着铜铸花环，花环两侧刻有“1950”“1953”字样的浮雕，这是中国人民志愿军赴朝参战和美国被迫在板门店签订停战协议的时间。卧碑下半部刻有郭沫若题诗的手迹：“煌煌烈士尽功臣，不灭光辉不朽身。鸭绿江南花胜锦，北陵园畔草成茵。英雄气魄垂千古，国际精神召万民。峻极高山齐仰止，誓将纸虎化为尘。”

纪念碑后面的松林里长眠着黄继光、杨根思、邱少云等一百二十三位中国人民志愿军烈士。陵园内设有抗美援朝展览馆和烈士纪念馆。展厅内陈列着邓小平“特级英雄黄继光”题词及彭德怀等题词。

（二）

抗美援朝烈士纪念碑碑文，主要内容分为三方面。

一是阐明抗美援朝战争的原因、历程及重大意义。1950年6月25日，朝鲜战争爆发。美国为了维护其在亚洲的地位，出兵干涉，于9月15日在西海岸仁川登陆。10月初，美军越过北纬38°线（即三八线），企图占领全朝鲜。10月19日，中国人民志愿军秘密跨过鸭绿江，迎击侵略者。1953年7月美国被迫签订停战协定，标志着抗美援朝战争的结束。抗美援朝战争胜利对于捍卫中朝两国安全、反对霸权主义、保卫世界和平具有重大意义。

二是歌颂中朝两国人民的伟大友谊。近代以来，中朝两国是山水相连的友好邻邦；中朝人民富于革命斗争传统，在反对帝国主义、封建主义的斗争中相互支持并结下深厚友谊。在抗美援朝战争中，中朝两国军民同仇敌忾，并肩作战，最终取得伟大胜利。这是中朝两国人民长期铸就、鲜血凝成伟大友谊的胜利。

三是讴歌中国人民志愿军的伟大精神和丰功伟绩。据不完全统计，在艰苦卓绝的抗美援朝战争中，中国人民志愿军伤亡达36.6万人，其中英勇牺牲的烈士11.6万人。中国人民志愿军发扬国际主义精神，以大无畏的革命英雄气概，克服了许多难以想象的困难和挑战，打赢了正义之战。中国人民志愿军烈士的丰功伟绩与日月争辉，名垂千古，永不磨灭！

（三）

敬读碑文，我们要深入其精髓，大力弘扬抗美援朝精神。

祖国和人民利益高于一切的爱国主义精神是引领抗美援朝战争胜利的鲜明旗帜。爱国主义是中国人民志愿军克服一切困难，战胜一切敌人的强大精神力量。祖国和人民的利益高于一切，是中国人民志愿军将士的行动准则。在中国人民志愿军出国

抗美援朝烈士纪念碑

作战的同时，全国掀起声势浩大的“抗美援朝、保家卫国”伟大爱国群众运动。广大青年踊跃参军，母亲送儿子、妻子送丈夫、兄弟争相入伍的动人情景频现，广大人民呈现了祖国利益至上的高尚情怀。

英勇顽强、舍生忘死的革命英雄主义精神是以弱胜强、战胜敌人的重要“法宝”。中国人民志愿军以不畏强暴、压倒一切敌人而不被敌人所压倒的革命英雄主义气概，创造了以弱胜强的辉煌战绩和战争史奇观，谱写出多首气壮山河、气冲霄汉的英雄赞歌。他们视死如归、不怕牺牲，用自己的鲜血和生命，铸就了胜利的血肉长城。黄继光舍身堵枪眼、杨根思拉响炸药包与敌同归于尽、邱少云纪律重于生命等英雄壮举比比皆是。抗美援朝战争的大熔炉，锻造了无数“一不怕苦、二不怕死”的英雄将士。

不畏艰难困苦、始终保持高昂士气的革命乐观主义精神是抗美援朝战争取得胜利的强大思想武器。在抗美援朝战争中，中国人民志愿军以苦为乐、以苦为荣，排除万难去争取胜利。他们不怕任何艰难困苦，不惧任何危险挑战，从不灰心丧气，从不悲观动摇，始终保持必胜信念和高昂斗志。武器和装备的低劣、艰苦的坑道环境、食物供给的困难、敌人残酷的“绞杀战”……他们毫不在乎，全部战而胜之。他们用中华民族昂扬向上、乐观无畏、奋发进取的积极精神保卫了中朝两国的大好河山。

为完成祖国和人民赋予的使命、慷慨奉献自己一切的革命忠诚精神是抗美援朝战争取得胜利的重要支撑。“保和平、卫祖国，就是保家乡”是中国人民志愿军将士的坚定信念和庄严使命。在抗美援朝战争中，中国人民志愿军广大将士心中时刻流淌和铭记着祖国和人民这“一条大河”，并以祖国和人民为坚强后盾。电影《英雄儿女》的经典台词“为了胜利，向我开炮！”实际上就是中国人民志愿军这些“最可爱的人”为了祖国和人民的胜利、为了祖国和人民的一切，慷慨奉献自己一切的精神的真实写照。

为了人类和平与正义事业而奋斗的国际主义精神是促进世界和平与发展的坚强保障。抗美援朝战争是一场反侵略的正义战争。中国人民志愿军入朝与朝鲜人民军并肩作战，凸显了中国人民不畏强暴、争取和平、维护和平的坚强决心。抗美援朝战争的胜利，保卫了朝鲜民主主义人民共和国和刚刚诞生的中华人民共和国的安全，极大推进了世界和平与人类进步事业，同时也为和平与发展的时代主题的形成奠定了坚实基础，作出了中国贡献，展现了中国形象。

（作者：王恩宝）

不求功名垂千古　坚定信仰见忠诚

——北京西山无名英雄纪念广场碑铭敬读

西山无名英雄纪念广场位于风景优美的北京西山国家森林公园，占地约三千平方米，是中国人民解放军原总政治部联络部2013年为纪念20世纪50年代牺牲于台湾的中共地下党员所修建。

（一）

西山无名英雄纪念广场是目前为止全国唯一纪念隐蔽战线英雄的纪念广场。无名英雄纪念广场分为上下两层，依山势而建，气势雄伟。纪念广场一层是以黑白两色曲线隐喻海峡两岸的巨幅景观墙，墙中央镌刻着一首五言绝句。

二层是无名英雄纪念广场的主体。广场正中昂然屹立一块长十四米、高四米的纪念碑，正面是五组浮雕，再现隐蔽战线五个突出战斗场景，以吴石、朱谌之（又名朱枫）、陈宝仓和聂曦为原型的英雄雕像树立于前。纪念碑背面的主碑铭，由全国人大常委会原副委员长许嘉璐撰写：

夫天下有大勇者，智不能测，刚不能制，猝然临之而不惊，无朕加之而不怒，此其志甚远，所怀甚大也。所怀者何？天下有饥者，如己之饥；天下有溺者，如己之溺耳。民族危急，别亲离子而赴水火，易面事敌而求大同。风萧水寒，旌霜履血，或成或败，或囚或殁，人不之知，乃至殒后无名。

铭曰：呜呼！大音希声，大象无形。来兮精魄，安兮英灵。长河为咽，青山为证；岂曰无声？河山即名！

人有所忘，史有所轻。一统可期，民族将兴，肃之嘉石，沐手勒铭。噫我子孙，代代永旌。

公元二零一三年十月　立

纪念碑的前方、左右两侧等位置，以“忠魂”“光影”“家国”“信义”“追梦”等主题设置了五段铭文，从不同侧面为这个英雄群体刻画了栩栩如生的群像。

（二）

1945年日本宣布投降后不久，中共中央任命蔡孝乾为台湾省工委书记，并派他与张志忠、陈泽民、洪幼樵等人秘密回到台湾，成立中共台湾省工作委员会，在台湾发展地下党组织。1949

无名英雄纪念碑浮雕及碑前雕塑（西山国家森林公园　供图）

年4月20日，人民解放军发起渡江战役。令蒋介石百思不得其解的是，解放军的突破口恰恰是其防线的薄弱处。其中，国民党将领、中共地下党员吴石提供的《国防部长江江防兵力部署图》《京沪杭军事部署》等绝密情报至关重要。1949年7月，吴石奉调台湾军事主管部门参谋次长途中路过香港时，正式接受了中共地下党托付的任务，代号为“密使一号”。1949年11月，中共中央华东局派长期在上海、香港从事情报工作的共产党员朱谌之赴台与吴石联系，不断为我们党提供绝密军事情报。有些情报甚至还呈送给了毛泽东。当听说这些情报来源时，毛泽东当即嘱咐有关人员：一定要给他们记上一功。

1950年1月，蔡孝乾等人被捕后的叛变行径，使岛内大批地下党员被捕杀。1950年6月10日下午4时许，吴石、朱谌之、陈宝仓、聂曦在台北马场町刑场殉难。从1949年8月到1950年3月初，国民党保密局一共破获了八十多件“中共间谍案”。其中因为蔡孝乾叛变而被抓捕讯问、清查关系的，竟超过一千八百人。在西山纪念广场的花岗岩墙体以阴文镌刻着吴石、朱谌之、陈宝仓、聂曦等八百四十六名有名字可考的烈士。

党和国家并没有忘记这些无名英雄。1950年7月，时任上海市市长陈毅签署并经上海市人民政府批准朱谌之为革命烈士。1952年，毛泽东签署颁发了《革命牺牲工作人员家属光荣纪念证》，授予陈宝仓革命烈士称号；1953年举行隆重公祭，陈宝仓骨灰被安葬在八宝山革命烈士公墓。1973年，国务院追认吴石为

无名英雄纪念碑铭（西山国家森林公园　供图）

革命烈士。1994年1月4日，原中共中央调查部部长罗青长为吴石烈士纪念册题词："要知松高洁，待到雪化时。"

（三）

纪念碑铭文，凸显出"纪念死者，鼓舞生者"的建碑主题，歌颂了新中国成立前后人民解放军对台隐蔽战线斗争的历程，诠释了隐蔽战线功臣们对党和国家伟大事业的高度忠诚。

中国共产党之所以不断取得成功，隐蔽战线的作用愈发显得不同寻常。从某种意义上说，隐蔽战线斗争的复杂性更需要对党忠诚。当时，退守到台湾的国民党特务疯狂地破坏中共台湾地下党组织。于是，蔡孝乾、陈泽民、张志忠、洪幼樵等人先后被捕。张志忠宁死不屈，被国民党保密局特务处死。据和他一起被关押的党外同情者李振芳临终时留下遗嘱所言："张志忠和季云（张志忠的妻子）是坚持到底、决不投降的。他们没有出卖任何同志，是英勇牺牲的，此事一定要向北京报告。"与此形成鲜明对比的是，时任工委书记的蔡孝乾在生死考验面前，很快就叛党变节，致使台湾地下党组织遭受灭顶之灾。这再次诠释了隐蔽战线斗争的残酷性，隐蔽战线党员面临诸多诱惑和考验时，更需要对党和对革命事业的无限忠诚。

把共产主义作为信仰是中国共产党区别于其他政党的重要特征，隐蔽战线的共产党人忠于信仰的重要性，自是不言而喻。由中共华东局派往台湾与吴石和中共台湾省工委联络的朱谌之，在被捕后的表现更是令世人叹服。当时负责侦办此案的国民党保密局特务谷正文在20世纪90年代回忆此案时仍惊叹不已：“‘朱匪’于被捕夜间吞金企图自杀，证明其对应付事变，早做准备；‘匪’（指朱谌之）于此种维护重要工作、不惜牺牲个人生命之纪律与精神，诚有可取法之处。”从中可以看出朱谌之以信仰铸就对党、对人民无限忠诚的非凡举动，更表明信仰之坚定的无比重要。

忠诚品质在隐蔽战线的斗争中发挥了中坚作用。吴石、朱谌之等以自己的生命诠释了对党的无限信仰和忠诚。历任国民党参谋本部第二厅处长、第四战区司令长官部参谋长、军政部主任参事、国防部史政局局长、台湾军事主管部门参谋次长的中共秘密派遣干部吴石，曾受蒋介石特别赏识并在重要时刻被委以要职，之所以在国民党败退台湾前夕成为我们党争取的重要对象，一个关键因素就是他对蒋介石政权的独裁统治不满，从而开始了他人生命运的重大转向。一旦对自己进行历史定位，吴石便矢志不渝。1950年6月12日的《星岛日报》真实记录了吴石临刑前从容吟诗的壮举：“天意茫茫未可窥，悠悠世事更难知。平生殚力唯忠善，如此收场亦太悲。”“五十七年一梦中，声名志业总成空。凭将一掬丹心在，泉下嗟堪对我翁。”这说明隐蔽战线斗争虽然复杂，却可以使隐蔽战线中共干部的党性不断得以锤炼。

（作者：武圣强　沈传亮）

铁肩担道义　妙手著文章

——李大钊烈士碑文敬读

李大钊烈士纪念碑坐落在北京西郊香山脚下的李大钊烈士陵园中，是为中国共产党主要创始人之一、毛泽东称为“我真正的老师”的李大钊而修建。进入青松翠竹掩映的李大钊烈士陵园，在汉白玉全身像和墓地后，矗立着一块高两米、宽四米的黑色大理石纪念碑。正面镌刻着邓小平1983年4月1日的亲笔题词：“共产主义运动的先驱　伟大的马克思主义者　李大钊烈士永垂不朽。”背面为《李大钊烈士碑文》。碑文两千余字：

李大钊同志，字守常，一八八九年十月二十九日生于河北省乐亭县大黑坨村。七岁起在乡塾读书，一九〇五年入永平府中学，一九〇七年入天津北洋法政专门学校。青年时代，目睹在帝国主义侵略下的国家危亡局势和社会黑暗状况，激发了爱国热忱，立志要为苦难的中国寻求出路。辛亥革命的果实被袁世凯窃夺后，开始发表文章，揭露军阀官僚的统治只是加深了民族的灾难和人

民的痛苦。一九一三年，含愤东渡日本，就读于东京早稻田大学。在日本向中国袁世凯政府提出二十一条亡国条件后，参加留日学生总会的爱国斗争，向国内寄发《警告全国父老书》。这时，开始接触社会主义思想和马克思主义学说。一九一六年回国后，积极参与正在兴起的新文化运动。他在《青春》一文中号召青年"冲决历史之桎梏，涤荡历史之积秽，新造民族之生命，挽回民族之青春"。他积极抨击以孔子为偶像的旧礼教、旧道德，向当时抬出孔子来维护自己统治的反动势力展开猛烈的斗争。一九一七年俄国十月社会主义革命的胜利使大钊同志受到极大的鼓舞和启发。他逐步明确地站到马克思主义的立场上来，成为中国最早的马克思主义者和共产主义者。在一九一七年到一九一九年，他发表了许多热情地宣传俄国革命和马克思主义的文章，并与资产阶级改良派胡适展开了"问题与主义"的论战，在思想界引起了广泛强烈的反响。他在一九一八年担任北京大学图书馆主任，后兼任经济学教授，参加《新青年》杂志编辑部。这年年底与陈独秀等创办《每周评论》，并于次年主编《晨报副刊》。同时，他还协助北京大学学生创刊《国民》和《新潮》。随着大钊同志等领导下的反帝反封建的五四爱国运动的发展，马克思主义的影响日益扩大。一九二〇年三月，大钊同志在北京先后发起组织马克思学说研究会和共产主义小组。许多青年在他的影响下接受了马克思主义，其中有些成为中国共产党早期的著名活动家，如邓中夏同志、高君宇同志等。毛泽东同志和周恩来同志也都受到过他的影响。大钊同志为建立中国共产党努力奋斗，是我党主要创始人之一。

一九二一年中国共产党成立后，大钊同志代表党中央指导北方的工作。在党的二大、三大、四大，都当选为中央委员。一九二四年底，任党的北方区执行委员会书记。在他领导下，北方党组织派出许多同志在冀、鲁、豫、晋、陕、内蒙和东北的广大地区开展了党、团工作，先后发动了开滦大罢工、二七大罢工等著名斗争。一九二二年，他受党的委托在上海与孙中山先生谈判国共合作，并在一九二四年在广州参加国民党第一次全国代表大会的领导工作，为建立国民革命统一战线，实现第一次国共合作作出了重大贡献。一九二五年在孙中山先生北上时和逝世时，在五卅运动中，他领导北方党组织发动群众，在北洋军阀统治的北方地区，开展了轰轰烈烈的反帝反军阀斗争。他积极地进行广泛的统一战线工作，领导改组后的国民党在北京的组织，坚决反对国民党右派。他努力为南方的革命运动培养、输送了大批干部。他坚决支持当时主要在南方一些农村蓬勃兴起、同时也开始波及北方的农民运动，并著文论述开展农民运动和解决土地问题的重要性。他也注意在军队中扩大革命运动的影响，对冯玉祥将军五原誓师参加北伐起了重要作用。大钊同志作为具有高尚道德品格的学者和革命家，受到社会各阶层的广泛尊崇，名重当世，这是他能卓有成效地开展多方面革命工作的一个重要条件。

一九二六年三月十八日，北京各界人民在天安门举行反对日本等国要求大沽口撤防的大会，并到皖系军阀段祺瑞执政府门前请愿，竟遭到段政府的血腥屠杀。大钊同志在惨案发生后，继续领导共产党和国民党的北方组织坚持斗争。不久，奉系军阀张作霖的军队进入北京，白色恐怖更加严重。次年四月六日，张作霖在帝国主义支持下逮捕了大钊同志等八十余人。大钊同志备受酷刑，在监狱中，在法庭上，始终大义凛然，英勇不屈。四月二十八日，凶残卑怯的敌人不顾广大舆论的反对，将大钊同志和谭祖尧、邓文辉、谢伯俞、莫同荣、姚彦、张伯华、李银连、杨景山、范鸿劼、谢承常、路友于、英华、张挹兰、阎振三、李昆、吴平地、陶永立、郑培明、方伯务共二十位革命者（其中多数是共产党人，也有国民党人）一齐绞杀。大钊同志临刑时毫无惧色，第一个走上绞架，从容就义。时年尚不足三十八周岁。

李大钊同志的灵柩多年停放在宣武门外的一个庙宇内。一九三三年四月二十三日，他的家属和许多社会知名人士，发起为大钊同志举行葬礼，将灵柩安葬于香山万安公墓。大批学生、工人、市民群众冒着白色恐怖参加葬礼，形成一次壮烈的示威运动，许多参加者为此而被捕，甚至被杀害。

在全国解放前，李大钊同志的一部分著作虽曾由他的亲属编集，由鲁迅先生作序，但在反动统治下一直没有能发行。直到一九五九年，人民出版社才出版了重新编辑的《李大钊选集》。一九八一年，人民文学出版社又出版了经过增订的《李大钊诗文选集》。

李大钊同志对中国人民的解放事业，对马克思主义的信仰和无产阶级的革命前途无限忠诚。他为在我国开创和发展共产主义运动的大无畏的献身精神，永远是一切革命者的光辉典范。大钊同志和其他无数先烈光荣地倒下去了，但是他们的牺牲没有使中国革命停止，相反，中国革命在牺牲者的血泊中继续前进，直至获得伟大的胜利。作为中国人民的优秀儿子和伟大的无产阶级革命家，大钊同志的业绩将永远受到中国人民的追怀和崇敬。

为纪念李大钊同志，发扬他伟大的共产主义革命精神，中共中央于一九八三年三月十八日将他和他的夫人赵纫兰同志（一八八三年—一九三三年）的灵柩移葬于新建的李大钊烈士陵园。

中国共产主义运动的先驱者，伟大的马克思主义者李大钊同志永垂不朽！

中国共产党中央委员会

一九八三年九月

碑文记述了李大钊英勇战斗的一生，概括了李大钊光辉不朽的业绩。

李大钊烈士的碑文，是新中国成立以来唯一一篇以中共中央名义发表的烈士生平传略，由享有“中共中央第一支笔”盛誉的胡乔木起草。碑文主要篇幅按照时间顺序叙述史实，将李大钊的短暂人生与中国近现代的历史转折紧扣，描绘出一幅波澜壮阔的时代画卷。

李大钊烈士纪念碑（万安公墓　供图）

一是记载了李大钊壮烈的伟大一生。李大钊一生为中华民族谋复兴的崇高使命感和不懈奋斗精神，让他成长为中国共产党的主要创始人和革命家。在生命的最后时刻，李大钊首先想到的是革命事业；在生死抉择面前，他考虑的是如何避免党组织再次遭受破坏，无不展示出胸怀人民大众、志在民族解放的崇高革命气节。他受审时“精神甚为焕发，态度极为镇静”，就义前慷慨陈词：“不能因为你们绞死了我，就绞死了共产主义！”并且深信“共产主义在世界、在中国，必然要得到光荣的胜利！”

二是概括了李大钊灿烂的精神求索。从介绍十月革命的革命经验，传播马克思主义的思想，到创建一个又一个的先进组织，再到中共一大的筹备，李大钊都起到了先锋者与领路人的作用。他对马克思主义的宣传，以及他对中共北方党组织的组建和领导，为中国新民主主义革命的发展和胜利打下了坚实的基础。他的精神感召着无数中国人，更使他成为青年人的良师益友。李大钊指引一大批进步青年走上了革命道路，其中包括当时他极为欣赏的北大图书管理员毛泽东和天津“觉悟社”领导人周恩来。在狱中，李大钊留下了两份珍贵的文献资料——《狱中供词》和《狱中自述》，体现了李大钊爱国主义精神的出发点和矢志不渝的革命志向。他的挚友鲁迅深情赞誉他的著作不愧为“先驱者的遗产，革命史上的丰碑”。

三是歌颂了李大钊高尚的道德情操。李大钊一生洁身远名，淡泊寡欲，廉洁克己，肝胆照人。作为知名教授，他本来薪水丰

李大钊烈士碑文（万安公墓　供图）

厚，每月有二百四十块银元的收入，但他把收入的绝大部分做了党费、接济了青年学生，自己常年过着“黄卷青灯，茹苦食淡，冬一絮衣，夏一布衫”的清贫生活。他牺牲后，家中一贫如洗，甚至连丧葬费都得靠亲友捐助。当时，各大报章都报道“李生前无储蓄，身后萧条”“两袖清风”。在李大钊身上，我们可以看到优秀传统文化与近代先进思想的完美结合、中华民族传统美德和共产主义道德的和谐统一。“铁肩担道义，妙手著文章”，李大钊撰写的名联恰如他革命的一生。

（作者：王雪）

千秋凛然英雄气

——卢德铭烈士纪念碑碑文敬读

卢德铭烈士陵园位于江西省萍乡市芦溪县上埠镇山口岩村，与武功山相对，同袁水河为邻，青松翠柏环绕之间，卢德铭烈士墓坐落于此。纪念碑分碑体和基座两部分，碑高七米，上塑卢德铭全身像，寓意为烈士牺牲于1927年。碑身正面镌刻着杨得志题写的八个苍劲有力的大字："卢德铭烈士纪念碑"，背面大理石上刻着烈士的生平简历。碑文如下：

卢德铭，四川省自贡市双石铺狮子湾人，生于一九零五年六月九日。一九二四年春投笔从戎，由孙中山先生荐入黄埔军校第二期辎重兵队学习，在校期间加入中国共产党，以英勇聪慧崭露头角，擢升为军校学生军侦探队长。北伐战争开始后，调任叶挺独立团二营四连连长，后任营长，七十三团参谋长。战斗中，身先士卒，智勇双全，取攸县，克平江，攻武昌，浴血汀泗、贺胜二桥，所部勇冠三军，战功卓著。一九二七年初，受中共中央军

委的重托，出任武汉国民政府警卫团团长。一九二七年秋，毛泽东领导湘赣边秋收起义，卢德铭任起义军总指挥。当秋收起义部队严重受挫的关键时刻，他坚决拥护毛泽东挥师罗霄、开辟红色根据地之主张。九月二十日，毛泽东、卢德铭等率部从浏阳文家市向井冈山进军，途经萍乡市桐木、小枧。二十五日晨，行军至芦溪山口岩，不期遇敌，鏖战猝起。卢德铭临危不惊，指挥若定，迅速夺得高地狙击敌人，当他掩护部队转移进山时，所乘白马经开阔地为敌注目，不幸中弹牺牲，年仅二十三岁，从此，他的忠骸长卧在江西的红土地上。

卢德铭烈士为国捐躯，英年早逝，其浩然正气与江河共在，与星月同辉，萍乡人民素仰烈士英灵，每当清明以降，趋而拜谒凭吊，怀其功业，继其遗志，扬其精神。一九八七年秋，萍乡市人民政府修建烈士纪念碑，以烛后世，以励来者，此亦吾桑梓之殊荣。

卢德铭烈士永垂不朽!

“天地英雄气，千秋尚凛然。”碑文五百余字，倾注了人们对烈士的深切缅怀，凸现出“纪念英烈，激励后人”的建碑主题，读之令人肃然起敬。

卢德铭烈士纪念碑（刘喜　拍摄）

崇尚英雄，就要像卢德铭那样“以身许国、冲锋在前”

面对帝国主义瓜分中国，军阀连年混战，卢德铭从小身怀报国之志，决心学习军事，以武力打倒列强和军阀。他于1924年毅然投身黄埔军校参加革命，在毛泽东、叶挺等共产党员的影响和教育下，当年加入了党组织。1925年2月，黄埔军校东征，卢德铭任学生军侦探队长，率六十人参加战斗，数次化装潜入叛军陈炯明军中侦察情报，提供了大量情报信息。1926年革命军北伐，卢德铭随叶挺独立团进发，迭战迭胜，战功卓著。

1927年，随着北伐战争的节节胜利，国民党内的反动势力开始背叛革命，第一次国内革命战争彻底失败。8月初，卢德铭毅然率部从武汉开往江西，准备参加南昌起义，途中得悉起义部队南下，随即率部到修水同平江、浏阳农军会合。不久去武汉向中央报告工作后，即赶回参加湘赣边秋收起义，任起义部队总指挥。在文家市参加毛泽东主持党的前敌委员会讨论部队进军方向问题时，完全赞成毛泽东提出的部队向罗霄山脉中段进军的正确主张。

9月25日，部队在山口岩遭敌伏击的危急关头，卢德铭挺身而出，亲自带领一个连的兵力夺下白泥坳山头，英勇阻击敌人，掩护部队转移。敌人占领了白泥坳制高点，向撤退部队发起猛烈射击。卢德铭被流弹击中胸部，牺牲在山口岩猪百丘田岸下。战斗结束后，英雄的遗体由当地农民周仁榜掩埋在他家屋后小土坎茶树下。

当毛泽东听说卢德铭牺牲时，悲痛万分，忍不住仰天长叹：“还我卢德铭！”并感慨地说道：“给三个师也不换！”由此可见卢德铭在他心中的地位，正是千军易得，一将难求。今天我们崇尚英雄，就是要从英雄精神中汲取优秀品质和基因营养，危急关头舍生取义彰显忠诚，以实际行动许国挺身，冲锋在前，践行使命。

铭记英雄，就要像卢德铭那样“赤胆忠心、战斗不止”

1926年5月，叶挺率领的独立团作为国民革命军第四军先头部队，出兵湖南，战无不胜，攻无不克，所向披靡。6月2日在攻占攸县的战斗中，卢德铭虽然没有得到上级的命令，但是他主动掌握战机，率领全连乘胜追击敌人。对这种作战的机动灵活性，叶挺称赞不已，他常说：“战功是大家努力得来的，我们的每次战斗，都是得力于你们。比如攸县的占领，就是第四连连长卢德铭在指挥我，而不是我在指挥他。”这是对卢德铭极高的赞誉。之后，在攻克醴陵、平江的战斗中，卢德铭带领第四连绕到敌人背后，向敌人薄弱环节袭击，对敌造成夹攻之势，使守敌大部被歼。特别是攻打天险汀泗桥和贺胜桥的关键战役中，卢德铭身先士卒，指挥果断，立下了赫赫战功。孙中山在黄埔军校第二期学生毕业典礼上称赞说：“革命需要大批有为青年，大家要以卢德铭为楷模。”

将近四十年后的1965年，毛泽东重上井冈山，在茨坪同江西省委负责人交谈时，感慨地说：“秋收起义总指挥卢德铭，一个很好的同志，有智慧，能吃苦，在文家市决定进军路线的会上，就是他有力地支持我的提议，退入萍乡向罗霄山脉转移，芦溪一战牺牲了。”并高度评价他“是一名出色的军事指挥员，他的一生是革命的一生，是奋斗的一生”。

学习英雄，就要像卢德铭那样“坚守初心、顾全大局”

“一切向前走，都不能忘记走过的路；走得再远、走到再光辉的未来，也不能忘记走过的过去，不能忘记为什么出发。”今天我们敬读碑文，就是学习卢德铭不怕困难、一心报国的献身精神；就是要传承英雄血脉，在感悟不变的初心和使命中砥砺前行。

卢德铭在秋收起义受挫，起义部队意见不统一的关键时刻，他毅然决然支持毛泽东的意见，这种顾全大局、坚持真理的崇高精神，源于他对革命与理想的赤胆忠诚，对使命与责任的敢于担当，对形势与任务的正确判断，这正是我们在和平年代攻坚克难、干事创业的精神源泉。

以革命烈士生平为碑文的这种特殊的纪念方式，既是敬仰之情的真实表达，更是以史明志的充分体现。卢德铭烈士的精神，是中国共产党精神谱系中的一个鲜明坐标，承载着历史记忆和思想感情，砥砺着理想信仰和使命担当，无论过去、现在还是将来，都是弥足珍贵的精神财富，必将激励我们在新时代继续创造新的伟大业绩。

（作者：杨西河）

跨越时空的精神丰碑

——方志敏烈士纪念碑碑文敬读

方志敏烈士陵园位于江西省南昌市西郊的梅岭山麓，青松翠柏环绕之间，顺山势建有十一层共一百五十七级花岗岩台阶，象征着方志敏为共产主义奋斗的十一个春秋和任赣东北特区苏维埃政府主席至牺牲时的一千五百七十个日日夜夜，烈士墓就静静安卧在第九个平台上，墓碑上镌刻着毛泽东亲自题写的七个苍劲有力的大字："方志敏烈士之墓"，墓前的大理石碑正中刻有烈士的简历，碑文如下：

方志敏烈士，江西弋阳县漆工镇湖塘村人，生于一九〇〇年。志敏同志是中国共产党的优秀党员，江西党组织的创始人之一，闽浙皖赣革命根据地的创建者，历任县委书记、特委书记、省委书记、军区司令员、红十军政委、闽浙赣省苏维埃政府主席、中华苏维埃共和国中央政府主席团委员、党中央委员。一九三四年，红七军团和红十军团合编为北上抗日先遣队，志敏同志任抗

日先遣队总司令。一九三五年一月二十四日，志敏同志不幸被俘入狱，在狱中坚贞不屈，写出了《可爱的中国》、《清贫》等名著，于一九三五年八月六日在南昌英勇就义，表现了共产党员的高贵品质和英雄气概。志敏同志的一生，是共产主义者的战斗的一生，他为中国人民的解放事业，为伟大的共产主义事业，贡献了自己毕生的精力。

方志敏烈士永垂不朽！

中国共产党江西省委员会

江西省人民委员会

一九六五年

（一）

方志敏是我党我军伟大的无产阶级革命家、军事家，杰出的农民运动领袖，受到党的历代领导人高度肯定。1964年，毛泽东亲自为方志敏烈士题写墓碑，称赞方志敏是“有勇气、有志气而且是很有才华的共产党人，他死的伟大，我很怀念他”。邓小平为《方志敏文集》题写过书名，江泽民赞叹他有“何等坚定的革命信念，何等高尚的革命情操”，胡锦涛赞誉他是“我们党的骄傲，人民的骄傲”。习近平曾多次读过方志敏在狱中写下的《清贫》，说“每次读都受到启示、受到教育、受到鼓舞”。2019年5月习近平到江西考察，当讲到江西传颂的革命先烈英雄故事时，

方志敏烈士纪念碑

第一个说起的就是方志敏牺牲前留下的铮铮誓言。方志敏之所以让人感动难忘，不仅因为他曾担任党的领导人、为革命事业立下过汗马功劳，还因为他的精神境界、文韬武略、崇高品德都堪为表率、使人敬服。

（二）

碑文虽然只有三百余字，但是它主题鲜明、脉络清晰、内容丰富，具有重要的纪念意义和历史价值。一是真实再现了方志敏的成长和战斗历程。碑文开头就点明了方志敏的立身之本——赣鄱红土地上的优秀儿女，接着用朴素的语言，按照时间顺序简述了方志敏参加革命后的历任职务，能够从中窥见他从无到有、从小到大创建革命根据地的历史功绩。二是突出彰显了方志敏的英雄壮举和崇高品质。方志敏在中央苏区反“围剿”失败的情况下，于1934年11月18日临危受命北上抗日，三个月时间转战南北，以万余将士吸引调动国民党重兵二十余万，大小战斗数百次，堪称英勇善战。不幸被俘后，碑文用“坚贞不屈”四个字高度概括了他在狱中抗争直至以身殉志的历程，还专门记述了他的两篇传世著作：《可爱的中国》《清贫》，进一步凸显了他对祖国母亲的挚爱深情和坚守“清贫”的崇高品德。三是深情抒发了对方志敏的尊崇敬仰和缅怀追思。碑文的最后，对方志敏为国为民、波澜壮阔、可歌可泣的一生作出高度的评价，总结诠释了方志敏的不朽功勋与历史地位，初心使命与崇高信仰，充分肯定了他的光辉业绩、英雄壮举、崇高品格和精神境界，鼓舞后来者继承和发扬方志敏烈士的精神，不懈奋斗、继续前行。

（三）

2019年是方志敏诞辰一百二十周年，我们敬读碑文，就要立足建设新时代中国特色社会主义事业伟大征程，重新认识和解读方志敏精神，使烈士的浩然正气和崇高品格不断绽放出新的时代价值和现实意义，跨越时空、永世长存。

“因为我们信仰的主义，乃是宇宙的真理。”方志敏是红土地上农民的儿子，他了解农民、同情农民，走上革命道路后，逐步树立了共产主义信仰，从此他的一切乃至生命都奉献给了伟大的革命事业，不惧艰难、不畏牺牲、无怨无悔。大革命失败后，面对国民党的血腥屠杀，年轻的中国共产党走到了生死存亡的抉择关口，但他毫无悲观失望的情绪，只身回乡发动群众进行武装暴动，凭着“两条半枪”闹革命，建立老、新红十军两支地方主力红军，创建了横跨四省的闽浙皖赣革命根据地。让人尤为敬佩的是，即便在被俘入狱后，他仍在为革命事业呕心沥血，把“十余年斗争的经验，特别是这次失败的血的教训”，用笔写出来贡献给党，“算我临死前的一滴努力”，六个月的时间写下十六篇计十四万余字文稿，真正做到了生命不息、战斗不止。理想之光不灭，信念之光永存，方志敏坚定的理想信念是他旺盛革命斗志的精神源泉。今天，我们学习方志敏，就是要学习他百折不挠、至死不悔的信念追求，面对“考验”和“危险”，不因理想遥远而放弃前行，不因道路崎岖而终止征程，始终铭记烈士遗愿，牢记入党初心，保持对共产主义的永恒追求，“逢山开路，遇水架桥”，为国家富强和民族振兴不断作出新的贡献。

“党要我做什么事，虽死不辞。”在方志敏眼中，共产党是一个极其尊贵的名词，加入中国共产党是他生命中最可值得纪念的事情！他顾全大局，在赣东北革命根据地根基尚不稳固，经济困难时，响应号召上交一千多两黄金，节衣缩食为中央提供资助；中央苏区反“围剿”军情危急需要支援时，他把亲手创建的红十军调拨支援中央，部队有情绪，还深入细致地做好说服和动员工作；他不惧牺牲，明知前路凶险，依然奉命率领抗日先遣队北上，与七倍于己的敌军血战于怀玉山区，奋战突围后又为接应战友率队返回，不幸被捕；他坚贞不屈，在狱中面对绥靖公署主任顾祝同乃至蒋介石相继劝降，诱以高官厚禄，他都视若粪土、断然拒绝，最终从容就义。方志敏的一生，就是忠诚于党、忠诚于人民、忠诚于使命的一曲英雄赞歌，是习近平总书记所强调的对党“唯一的、彻底的、无条件的、不掺任何杂质的、没有任何水分的忠诚”的真实写照。我们学习方志敏，就是要学习他对党忠诚的那种绝对和纯粹，不断增强“四个意识”，始终听党指挥、对党忠诚，在任何时候、任何情况下都坚决做到个体服从整体、局部服从全局、小我服从大我，做新时代改革伟业的坚定支持者和模范践行者。

“到处都是活跃跃的创造，到处都是日新月异的进步。”方志敏在创建根据地、进行革命斗争的过程中，展现出惊人的创造力量。他善于从失败中总结教训，通过对大革命失败的反省，总结出革命必须坚持武装斗争的道理，开创了先依靠农民武装再建立正式红军的根据地建设模式，被毛泽东称赞为“方志敏式”根据地；他实事求是、敢于创新，首次提出了“出敌不意，攻其不备，声东击西，避实就虚”十六字方针，独创了农民革命团，发明了地雷战，首创了苏区股份制，创造了一整套建党建军和建立红色政权的经验；他具有超前的思维和前瞻的眼光，在狱中写下的《可爱的中国》，怀着对祖国母亲的无限眷恋和对未来的计划憧憬绘制出新中国的建设蓝图，种种设想今天都已一一实现。我们处在崭新的时代，没有现成的、成熟的模板可供复制参考，要像方志敏那样，站上全局和发展的高度，眺望星辰大海、思考未来远景，勇于打破陈规、敢于创造，始终保持一种锐意进取、自强不息的精神状态，用新办法解决新问题，用新思路谋划新发展，才能开创新时代社会主义建设和中华民族复兴伟业的新局面。

“苦算什么，愈苦愈要干，愈苦我愈快乐。”方志敏参加革命斗争岁月正是形势最严峻、斗争最艰苦的年代，为了革命，他鞠躬尽瘁，二十几岁就患了肺病，经常吐血，但他仍然是“干而复病，病好复干”，义无反顾地投身到革命事业中去。他经常废寝忘食地工作，曾豪迈地说：“胜利的喜悦，简直使人忘记一切疲劳和辛苦，就是几天不吃饭也没有什么要紧。”他在敌人对根据地全面封锁的极端困苦条件下，一边进行艰苦卓绝的斗争，一边想方设法解决农民购买农具、日用品物资匮乏、婚姻、小孩上学、白区迁入群众安置、老弱病残救济等民生问题，“使群众生活日渐向上”。他作为党和军队的领袖，经手的款项有数百万元之多，但都一点一滴用于革命事业。第二次反“围剿”时他缴获二十多万银元、两千多两黄金，却依然和普通战士一样，每天只有四分钱菜金，兜里没有一块铜板。不幸被俘时，敌人对他从头搜到脚，除了一支钢笔和一块旧怀表，什么也没有找到。今天，中华民族的伟大复兴，不是轻轻松松、敲锣打鼓就能实现的，是靠无数像方志敏一样的革命先辈自力更生、艰苦奋斗干出来的，更要靠我们无数后继者一锹一镐、一砖一瓦去建设发展。艰难困苦，玉汝于成，我们绝不能忘了来时的路，必须继承和发扬革命先辈的优良传统和作风，守得住清贫、耐得住寂寞，艰苦朴素、奋勇拼搏，为实现“两个一百年”奋斗目标打下坚实基础。

（作者：李晓亮）

天地英雄气　千秋尚凛然

——杨靖宇将军殉国地纪念碑碑文敬读

吉林省白山市靖宇县，因东北抗日联军第一路军总司令兼政委杨靖宇牺牲于此而得名。县城西南六公里处，靖白公路沿线的三道崴子是杨靖宇将军血战到最后一刻的地方。

杨靖宇将军殉国地纪念碑高5.34米，宽1.2米，厚0.55米。整个碑身以青石精心磨制而成，两侧镶边的条石面上刻有民族风格的回字形纹以及红灯和海浪等饰纹。正面刻有“人民英雄杨靖宇同志殉国地”十二个正楷大字碑名，背面镌刻着杨靖宇简历。

人民英雄杨靖宇同志简历

杨靖宇同志，原名马尚德，1905年生于河南省确山县李湾村，1927年5月加入中国共产党，曾领导确山农民起义和在开封、洛阳等白区从事党的地下工作。1929年春，由中共中央派来东北，历任东北反日总会会长，中共哈尔滨市委书记等职。1933年初任磐石游击队政治委员，同年9月任东北人民革命第一军第一独立师师长兼

政治委员，1934年初当选为中华苏维埃中央政府执行委员。同年9月任中共满洲特委书记，11月任东北人民革命第一军军长兼政治委员。1935年任东北抗日联军第一军军长兼政治委员。1936年初任中共南满省委书记。6月任东北抗日联军第一路军总指挥兼政治委员。1940年2月23日，在此地对敌作战中壮烈殉国，时年35岁。

以革命烈士生平为碑文的这种特殊的纪念方式，既是敬仰之情的真实表达，更是以史明志的充分体现。

历史，不容忘却的记忆

1939年10月，日本关东军司令部调集七万五千人的兵力，对“东南满”地区实行“三省大讨伐”（又称“野副大讨伐”），杨靖宇领导的东北抗联第一路军进入了极端艰苦时期。1940年1月，杨靖宇率队与日伪军交战中暴露行踪，引来敌人的疯狂“围剿”。2月22日，杨靖宇只身一人辗转到三道崴子，在一处破旧的地窨子中，身患重感冒、臂负枪伤、数日粒米未进的他扯出大衣里的棉花，就着雪水，度过了生命中最后一个元宵夜。23日，被日伪“讨伐队”包围的杨靖宇宁死不屈，坚决反击，左腕负伤后，右手持枪继续战斗，16时30分，在敌人密集的枪弹中，杨靖宇将最后一滴血洒在濛江大地。

杨靖宇壮烈殉国后，残忍的敌人将其铡头剖尸，看到的是已经饿到变形的胃，里面除了草根、树皮、棉絮，一粒粮食都没有。而这颗宁死不屈的头颅在“游街示众”后被运至长春，经防腐处理保存，其遗体被埋在保安村西岗上。日本帝国主义宣布无条件投降后，中国共产党领导的东北民主联军在濛江县建立了民主政府，根据全县人民一致意愿，濛江县改名为靖宇县，当地群众自发捐资筹备为杨靖宇将军重新安葬，1946年2月23日，数千人参加了杨靖宇将军追悼大会。为纪念这位人民英雄，1962年5月，靖宇县人民在杨靖宇殉国地建立了木质纪念碑，1965年建立了钢筋水泥纪念塔，1978年靖宇县人民政府重新组织筹建纪念碑和纪念塔，并于1980年2月23日落成揭幕。

仰望，以最崇高的敬意

作为中国共产党领导的东北抗日联军的缔造者、指挥者之一，东北抗日的领袖人物，抗战期间唯一被党中央文件点名表彰的东北抗联领导人，杨靖宇的光辉业绩和突出贡献得到了党中央的高度认可。1934年1月，中华苏维埃第二次全国代表大会在江西瑞金举行，尽管杨靖宇未能亲自参加，但仍当选为中华苏维埃中央政府执行委员。1937年12月，中共中央政治局会议对杨靖宇的贡献和能力作了高度评价，杨靖宇和八路军主要领导人朱德、彭德怀，新四军暨南方三年游击战主要领导人项英、陈毅等人，被指定为以毛泽东为主席的中共七大准备委员会委员，这是

杨靖宇将军殉国地纪念碑

杨靖宇担任过的最高党内职务。1941年，在延安举行的东方各民族反法西斯代表大会上，来自多个国家和地区的一百三十多名参会代表选举产生了由三十三人组成的名誉主席团，在中共仅有的三名代表中，杨靖宇与毛泽东、朱德共同当选，此时距杨靖宇牺牲已近两年，但因交通隔绝，中央尚不能最后确认杨靖宇已经牺牲。

抗战胜利后，中共中央东北局多方寻找杨靖宇遗首。1948年长春解放前，我地下党打入国民党内部，将藏匿于长春医学院（伪满时期的新京医科大学）的将军头颅找到并秘密转移出来，后又运送至哈尔滨，安放在东北烈士纪念馆。1952年，党中央、国务院决定在通化修建杨靖宇烈士陵园。1957年7月15日，朱德为陵园亲笔题词："人民英雄杨靖宇同志永垂不朽。"1958年，党中央决定为杨靖宇举行公祭安葬仪式，并指定杨尚昆主持治丧事宜，胡乔木、周保中协助起草悼词和《杨靖宇将军生平事迹》。根据公祭安葬委员会要求，靖宇县、哈尔滨东北烈士纪念馆分别将杨靖宇遗骨和遗首恭送至通化。1958年2月23日，杨靖宇烈士陵园举行了近万人参加的公祭安葬大会，中共中央派代表参加，毛泽东、周恩来、刘少奇、朱德等党和国家领导人，以及金日成、崔庸健等国际友人分别敬献了花圈，毛泽东的挽词是"靖宇同志永垂不朽"，其他领导人的挽词是"靖宇同志千古"。在庄严的国际歌声中，杨靖宇身首异处十八年的遗体，终于在这片他用生命和气节捍卫的黑土上安眠。杨靖宇将军是新中国成立后中共中央为个人举行公祭大会的第一位革命烈士，其规格也是绝无仅有的。

前行，从胜利走向胜利

敬读碑文，缅怀先烈，英雄已逝，精神永存！

杨靖宇把短暂而伟大的一生献给了中华民族和中国人民，受到了党和人民的高度评价和永久怀念。党的十八大以来，习近平总书记多次在讲话中表达对杨靖宇的崇敬之情。2014年9月3日，习近平总书记在纪念中国人民抗日战争暨世界反法西斯战争胜利六十九周年座谈会上的讲话中指出："杨靖宇、赵尚志、左权、彭雪枫……就是中国人民不畏强暴、以身殉国的杰出代表。"2014年10月30日，习近平总书记在古田和全军政治工作会议基层代表一起吃"红军饭"时，讲述了杨靖宇的感人事迹。2015年9月2日，习近平总书记在颁发中国人民抗日战争胜利七十周年纪念章仪式上的讲话中指出："在十四年反抗日本军国主义侵略特别是八年全面抗战的艰苦岁月中……涌现出杨靖宇、赵尚志、左权、彭雪枫……众多英雄群体。"2018年1月11日，在第十九届中央纪律检查委员会第二次全体会议上的讲话中，习近平总书记盛赞杨靖宇"腹中满是草根而宁死不屈的气节"，以此作为"忠诚是共产党人必须具备的优秀品格"的例证。

"靖宇"这个磐石破"围剿"、强渡辉发江、痛击邵本良……

生前令敌人闻风丧胆、死后令对手由衷敬佩的化名，曾经是乃超，曾经是张贯一，曾经是马尚德，然而无论是组织农民暴动，还是远赴他乡革命，无论是领导抗日武装，还是最后壮烈殉国，“共产党员”是这位人民英雄从未改变的名字。冰天雪地里、饥病交迫中、四面包围下、孤身作战时，杨靖宇用“头颅可断腹可剖，烈忾难消志不磨”的血性与忠诚诠释了“中华民族有同自己的敌人血战到底的气概”。正如毛泽东在同合众社记者王公达的谈话中所指出的：“有名的义军领袖杨靖宇、赵尚志、李红光等等，他们都是共产党员，他们的坚决抗日艰苦奋斗的战绩，是人所共知的。”

作为中国共产党领导下对日作战最早、条件最艰苦、历时最长的抗日武装，东北抗联经历了伟大的民族解放战争中最为惨烈、最为悲壮的十四年历程，被中国共产党扩大的六届六中全会赞为“在冰天雪地与敌周旋七年多的不怕困苦艰难奋斗之模范”，并致以最崇高的民族革命敬礼。据不完全统计，先后参加东北抗联的五万多将士大部分血染疆场，一百二十多位师以上干部战死，四十余位军以上干部为国捐躯，消灭日伪军十八万，牵制日本关东军七十多万，有力地打击了日伪殖民统治，为中国人民的解放事业和世界反法西斯战争作出了重大贡献。以杨靖宇为代表的东北抗联将士用不畏强暴的勇气、革命必胜的信念、杀身成仁的决心，捍卫国家主权、维护民族尊严，在白山黑水间，书写了可歌可泣的英雄史诗，铸就了彪炳史册的抗联精神。这一精神是中国共产党精神谱系中的一个鲜明坐标，承载着历史记忆和思想感情，砥砺着理想信仰和使命担当，无论过去、现在还是将来，都是弥足珍贵的精神财富，特别是在推动中华民族走向伟大复兴的征程上，伟大的东北抗联精神，必将激励我们不断跨越新的“娄山关”“腊子口”，在新时代继续创造新的伟大业绩。

（作者：吴言洪）

尚思丹心英雄举　志行碧血抗日路

——赵尚志烈士纪念碑碑文敬读

东北抗日游击战争基本上是以“南杨北赵东周西李”为军事指挥展开的。杨靖宇在南满地区，赵尚志在北满地区，周保中在吉东地区，李兆麟在黑龙江西部地区（1938年西征后）指挥着抗击日本侵略者的军事斗争。

赵尚志是东北抗日联军著名将领、抗日民族英雄、忠诚的共产主义战士。为了中华民族的解放、幸福，他英勇无畏地与敌人浴血奋战，直至生命最后一息。赵尚志烈士纪念碑位于黑龙江省鹤岗市宝泉岭农场（赵尚志战斗、牺牲的地方）尚志公园北部山坡上。碑文四百多字，概述了赵尚志的革命生涯、光辉业绩和高尚品格。碑文如下：

赵尚志烈士，辽宁省朝阳县人，一九〇八年十月二十六日生。一九二五年在哈尔滨读书时开始参加革命活动，同年加入中国共产党，并入黄埔军校学习。“九·一八”事变后，在党的领导

下，赵尚志创建了珠河反日游击队。历任游击队队长、东北反日联军司令、东北人民革命军第三军军长、后改任东北抗日联军第三军军长、北满抗日联军总司令、中共北满临时省委执委主席等职。是东北抗日联军主要领导者之一。他指挥三、六、九、十一军各部队转战在松花江两岸，并曾远征到黑嫩平原，与日本侵略者进行了不屈不挠的英勇斗争。一九四二年二月十二日，赵尚志在袭击梧桐河伪警察分驻所（现宝泉岭农场二十队尚志村附近）的战斗中，身负重伤，壮烈牺牲。

赵尚志烈士忠诚党的事业，是坚贞的共产主义战士，他在反对日本帝国主义侵略中国的民族解放斗争中，坚强不屈，英勇战斗，做出了重大贡献，直至献出了自己的宝贵生命。

赵尚志烈士牺牲在宝泉岭的土地上，为永远缅怀烈士的英雄业绩，宝泉岭农场管理局十二万青少年及部分干部、群众自愿捐款，建立赵尚志烈士纪念碑。黑龙江省省长陈雷同志题写了碑名。

赵尚志烈士永垂不朽！

一九八四年八月一日敬立

（一）

赵尚志烈士纪念碑建成于1984年8月15日，是黑龙江省鹤岗市宝泉岭农场管理局十二万青少年及部分干部、群众自愿捐款建成的。这一天，是日本宣布战败投降、中国人民取得抗战胜利

赵尚志烈士纪念碑

三十九周年的日子。共青团黑龙江省委员会和宝泉岭农场管理局委员会在宝泉岭举行盛大的纪念碑落成典礼。中共黑龙江省委、黑龙江省人民政府派出代表团，赵尚志的哥哥赵尚朴，还有曾与赵尚志并肩战斗的十余位抗联老战士参加了典礼。蓝天下，阳光灿烂；金风里，遍地生辉。宝泉岭，红旗招展；雄碑前，人如潮涌。会场上，数以千计的青少年以肃穆的神情仰望着覆盖着红色帷幕的纪念碑。在庄严的乐曲声中，帷幕从洁白的塔身上徐徐落下。“赵尚志烈士纪念碑”八个金光闪耀的大字呈现在人们眼前。

此后，为了更全面、形象、具体地展示赵尚志的光辉业绩，经中共黑龙江省委、黑龙江省人民政府批准，1988年5月1日在赵尚志烈士纪念碑的北面又建成赵尚志将军纪念馆。

步入尚志公园，一路的花坛把人们迎上山顶，纪念碑和纪念馆坐落在山坡顶端的苍松翠柏之间。纪念碑占地二百平方米，坐北朝南，碑身由白色水刷石构成，碑座用黑色大理石贴面，碑身正面和背面分别镌刻着“赵尚志烈士纪念碑”“赵尚志烈士永垂不朽”金色大字。纪念碑正面碑座白色大理石上镌刻着碑文。

伟岸之雄碑，高立于青山之巅。人们在沉思，在追念……

（二）

赵尚志生在农村，长在城市，经受过轰轰烈烈大革命的洗礼和实际斗争的锻炼。九一八事变后，他投身抗日斗争洪流，开始戎马生涯，是中国共产党领导的东北抗日联军主要创始人、指挥者之一。他曾任中共满洲省委军委书记、东北抗日联军第三军军长、东北民众反日联合军总司令、北满抗日联军总司令、东北抗日联军第二路军副总指挥。他终生献身于艰苦卓绝的东北抗日武装斗争，在即将看到人们为东北光复、全国抗战胜利而绽开笑脸的时候，不幸牺牲，年仅三十四岁。

赵尚志是一位久经考验、忠贞不渝的共产主义战士。无论是在戒备森严的敌人法庭上、监狱里，还是在冰天雪地、枪林弹雨的抗日战场上，赵尚志都表现出一个共产党员忠诚于党的坚强不屈的高贵品质。他在东北抗战中以英勇顽强、威武善战著名，他领导的抗日武装与敌人作战多、胜利多，其威名使敌人胆战心惊。他为中华民族解放事业作出了巨大贡献。他对敌人残酷无情，对党、对人民、对革命事业无限忠诚。他在身陷敌手，重伤危及生命之时，大义凛然，宁死不屈，仍然与敌人作坚决斗争，显示出崇高的民族气节，不愧为广大民众敬仰的抗日民族英雄。

（三）

耸立在远山，有青松掩映的烈士纪念碑无比高大！坐落在公园，被绿色环绕的烈士纪念馆分外庄严！

时代向前发展，历史不容忘记。凡是为民族解放作出贡献的英烈，历史不会遗忘他们，人民将永远思念他们、铭记他们、颂扬他们。赵尚志是中国人民不畏强暴、英勇抗争的杰出代表之一。他的光辉业绩已载入中国人民抗日战争和世界反法西斯战争的光辉史册！抚今追昔，一代英雄虽已逝去，但其丰功伟绩永存，革命精神不死，浩然正气将永驻人间！

赵尚志的一生，是革命的一生、战斗的一生。他在反抗外来侵略的民族解放斗争中展现出的崇高的革命精神，这就是爱国爱民、不屈不挠、艰苦奋斗、英勇抗争、无畏牺牲的革命精神，即尚志精神。

尚志精神内涵丰富，具体包括：热爱祖国，热爱人民，誓死不甘忍受外辱的崇高民族气节；不畏强暴，威武不屈，敢于同敌人血战到底的英雄气概；忠诚于党，百折不挠，为党的事业英勇拼搏的优秀品质；艰苦奋斗，开拓进取，不畏任何艰难险阻的高尚品格；敢于抗争，坚韧不拔，不怕流血牺牲的战斗精神。

尚志精神集爱国主义精神、革命英雄主义精神、艰苦奋斗精神、百折不挠精神、开拓进取精神和不怕牺牲精神为一体。尚志精神与伟大的中华民族精神一脉相承，是中华民族精神的具体体现，是东北抗联精神的重要组成部分，是中华民族的宝贵精神财富。

我们要学习赵尚志爱国爱民、信念坚定、对党忠贞不渝的革命品质，牢固树立共产主义的理想信念，始终保持理论上的清醒和政治上的坚定，在思想上树立起坚不可摧的精神支柱，积极投身中国特色社会主义伟大实践；要学习赵尚志不畏艰险、百折不挠的顽强斗志以及坚韧不拔、不怕牺牲的战斗精神，勇于面对改革发展中的各种困难、风险、挑战，以更加昂扬的斗志、更加顽强的精神、更加坚毅的品格，努力开创中国特色社会主义伟大事业新局面；要学习赵尚志艰苦奋斗、开拓进取的高尚情操，不忘初心、牢记使命，解放思想、与时俱进，勇于探索、开拓创新，用艰苦奋斗、持续奋斗、不懈奋斗、永远奋斗的务实行动和辛勤汗水倾力浇灌新时代中国特色社会主义的幸福之花、美丽之花、灿烂之花。

（作者：王恩宝）

太行浩气传千古　留得清漳吐血花

——左权同志纪念碑碑文敬读

山西省左权县麻田镇北艾埔村十字岭是左权牺牲地。1985年，左权县人民政府在这里修建了“左权将军纪念亭”，亭内中心位置矗立着一块四米高的正方形汉白玉纪念碑，碑的正面上书“左权同志永垂不朽”八个金色大字。碑的左侧书写着左权牺牲后朱德题写的“名将以身殉国家，愿拼热血卫吾华。太行浩气传千古，留得清漳吐血花”。碑的右侧为邓小平题写的“怀念左权同志”。纪念碑背面是彭德怀1942年10月10日撰写和手书的《左权同志碑志》：

左权同志湖南醴陵人，幼聪敏，性沉静。稍长读书，既务实用，向往真理尤切。一九二五年参加中国共产党，献身革命，生死以之。始学于黄埔军校，继攻于苏联陆大。业成归国，戮力军事，埋头苦干，虚怀若谷。虽临百险，乐然不疲，以孱弱领军长征，倍见积极果决之精神。中国红军之艰难缔造，实与有力焉。

迨乎七七事变，倭寇侵凌，我军奋起抗敌，作战几过中原。同志膺我军副参谋长之重责，五年一日，建树实多。不幸一九四二年五月二十五日清漳河战役，率偏师与十倍之倭贼斗，遽以英勇殉国。闻得年仅三十有六。壮志未成，遗恨太行。露冷风凄，恸失全民优秀之指挥。隆冢丰碑，永昭坚贞不拔之毅魄。德怀相与也深，相知更切，用书梗概，勒石以铭，是为志。

彭德怀敬撰

一九四二年双十节

“稍长读书，既务实用，向往真理尤切”

左权，原名左纪权。1905年出生于湖南省醴陵县一个贫苦农民家庭，从小立下救国之志。1917年，俄国十月革命的炮声给中国送来了马克思列宁主义。左权积极阅读进步书刊，寻求救国救民的真理。他从俄国十月革命的胜利中看到了一条革命道路，决心为改造中国社会而奋斗。在县立中学读书期间，左权参加了进步学社社会科学研究社，进一步确立了救国救民的志向。

1923年底，左权奔赴革命活动的中心城市广州，投笔从戎，于1924年考入广州陆军讲武学校，同年转入黄埔陆军军官学校，成为该校第一期学员。1925年加入中国共产党。在黄埔军校学习期间，左权刻苦用功，把精力都集中在学习和训练上。由于成绩突出，黄埔一期毕业后，他被选派到苏联学习，先后在莫斯科中

左权同志碑志

山大学和伏龙芝军事学院学习。他认真学习军事理论，刻苦钻研战略战术。

“中国红军之艰难缔造，实与有力焉”

1930年，左权从苏联学成归国，根据党组织指示，他来到江西的革命根据地。在艰苦卓绝的土地革命战争时期，左权历任红军大学教官，野战司令部作战科科长，红军第五军团第十五军政治委员、军长，第一军团参谋长、代军团长等职，参加了苏区历次反“围剿”斗争和中央红军长征。他以忘我的革命精神和战斗意志，以英勇、沉着、果敢的战斗作风，指挥红军多次粉碎了国民党军队的进攻和“围剿”。作为一名红军高级将领，他愈困难时愈坚定，愈胜利时愈清醒，常善于百忙中挤出时间，钻研革命理论，翻译苏联红军战斗条令和其他军事理论文章。长征途中，左权参与指挥强渡大渡河、攻打腊子口等战斗。长征到达陕北后，左权率部参加了直罗镇战役和红军东征、西征，为中国革命奠基大西北作出了重要贡献。

“膺我军副参谋长之重责，五年一日，建树实多”

全国抗战爆发后，红军改编为国民革命军第八路军，左权任八路军副总参谋长，他和八路军总指挥朱德、副总指挥彭德怀等一起率领八路军挺进山西抗日前线。

抗日战争进入战略相持阶段后，左权运用灵活的战略战术，指挥八路军多次粉碎日军的“扫荡”。并不断以实战经验教育部队干部，整训部队，严肃纪律，显著提高了部队正规化的建设。作为八路军高级将领，他在军事理论方面有独到的建树。从1939年至1941年，他撰写了《论坚持华北抗战》《埋伏战术》《袭击战术》等四十多篇文章。他与刘伯承合译的《苏联工农红军的步兵战斗条令》被八路军总司令部列为步兵战术教育的基本教材。毛泽东称赞“左权他吃的洋面包都消化了，这个人硬是个‘两杆子’都硬的将才”。

1940年8月20日，左权协助彭德怀指挥八路军发动了百团大战。百团大战历时五个多月，沉重打击了日本侵略军，提高了共产党和八路军的威望，振奋了全国军民的抗战信心。1941年，日军七千余人向黄崖洞兵工厂进攻，在左权的亲自指挥下，黄崖洞保卫战取得了胜利，歼灭日伪军一千八百余人，敌我伤亡之比为5.3∶1。战后，中央军委称赞，这次保卫战是“最成功的一次，不仅我受到损失少，同时给了敌人数倍杀伤，应作为1941年以来反‘扫荡’的模范战斗”。

“露冷风凄，恸失全民优秀之指挥”

1942年5月，日军集中两万余人，对太行抗日根据地发动大“扫荡”，妄图一举“剿灭”八路军总部和中共中央北方局等领导机关。5月23日，彭德怀发出总部撤离辽县麻田的指令。25日上午，撤离部队、机关等数千人来到了麻田东北方向的十字岭下。上午10时左右，日军两架飞机飞至南艾铺、十字岭上空，在村庄、山沟上空盘旋侦察。总部机关刚开始行动，敌人就向南艾铺冲过来。天上飞机轰炸扫射，在空袭的同时，羊角方向的敌人集中炮火向南艾铺附近的几个山头上猛轰，麻田方向的敌人和他们遥相呼应，拼命向总部等机关人员进攻。彭德怀与左权研究了突围方案，决定由左权率领总部和北方局向西北方向突围，转入外线；罗瑞卿率领野战政治部向东突围，转武安方向。作战参谋分随两路，各带电台，由警卫连掩护，各自为战，冲出去再集合。命令下达后，总部、北方局机关按计划转移。此时，敌机发现了运动的部队，扑过来猛烈轰炸。以山炮、迫击炮对准十字岭开火。左权在指挥总部人员转移时，要求警卫战士、机要人员一定要保护好电台和机密材料，却完全将自身安危置之度外，不幸被炮弹击中，壮烈牺牲。

左权牺牲后，周恩来于1942年6月21日在《新华日报》撰文悼念左权，称赞“左权足以为党之模范”。与左权并肩战斗数年的彭德怀饱含深情写下“壮志未成，遗恨太行，露冷风凄，恸失全民优秀之指挥”。9月，晋冀鲁豫边区政府为纪念左权，将左权将军牺牲地山西辽县改名为“左权县”。

左权是抗战期间八路军牺牲的级别最高的将领，是中共中央委员会确定的中国人民解放军三十六位军事家之一，2009年入选

“一百位为新中国成立作出突出贡献的英雄模范人物”。左权对党忠诚、信念坚定，为民族独立和人民解放不怕牺牲、不畏艰难、舍身为国、大义凛然的革命精神永远值得我们继承和发扬。

（作者：郭秀翔）

彰显“亲劲、韧劲、拼劲”的县委书记

——焦裕禄纪念园革命烈士纪念碑碑文敬读

焦裕禄是县委书记的榜样，也是全党的榜样。2020年1月8日，习近平总书记在“不忘初心、牢记使命”主题教育总结大会上指出，新中国成立以后，也是因为我们党有一大批像焦裕禄、谷文昌、杨善洲、张富清这样的英雄模范率先垂范，才团结带领人民群众不断开创各项事业发展新局面。重读焦裕禄纪念园革命烈士纪念碑碑文，直面那段革命历史，追溯那段红色记忆，对于我们更好地传承弘扬焦裕禄精神、坚定初心使命，有着重要的意义。

（一）

焦裕禄纪念园位于河南省兰考县城北，主要建筑物有革命烈士纪念碑、焦裕禄烈士墓、焦裕禄同志纪念馆等。革命烈士纪念碑于1993年5月建成，碑高19.64米（寓意纪念焦裕禄1964年逝世），碑体正面镌刻“革命烈士永垂不朽”八个大字，碑体下部正面浮雕主题为“解放兰考”，两侧面浮雕主题为“焦裕禄查三害”“焦裕禄访贫问苦”，背面为碑文。碑文如下：

兰考，地处豫东平原，黄河之滨，历史悠久，人杰地灵。民主革命时期，成千上万的共产党人、革命志士，为兰考的解放事业，英勇不屈、前仆后继，谱写了惊天地、泣鬼神的壮丽史诗。

社会主义建设时期的一九六二年，焦裕禄来到兰考，为根治风沙、盐碱、内涝，带领群众，迎难而上，拼搏苦干。他一心为革命、一心为人民，鞠躬尽瘁，死而后已。他的光辉业绩，永垂青史。

革命烈士永垂不朽！

焦裕禄精神永放光芒！

中共兰考县委员会

兰考县人民政府

一九九三年五月

碑文内容精炼，概述了兰考这片红色土地的解放历史和焦裕禄在兰考的先进事迹，讴歌了焦裕禄亲民爱民、艰苦奋斗、科学求实、迎难而上、无私奉献的光辉形象。

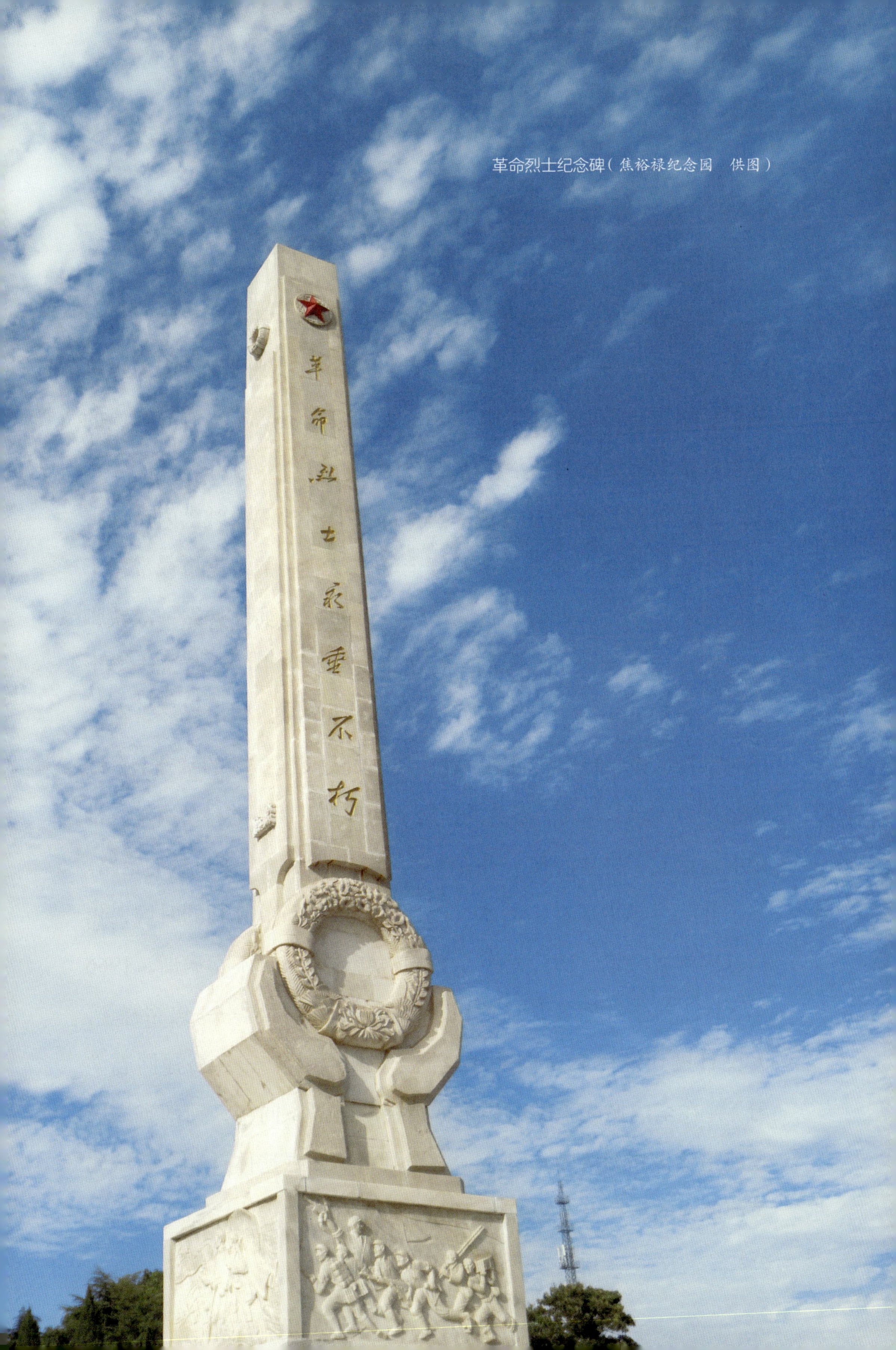

革命烈士纪念碑（焦裕禄纪念园　供图）

（二）

焦裕禄出生于1922年，山东省淄博市博山县人，参加过抗日战争、解放战争。新中国成立后，焦裕禄先后到河南洛阳矿山机器厂、尉氏县委书记处工作。1962年12月，有着丰富领导经验的焦裕禄被党组织选派到兰考任县委书记。

到兰考后，焦裕禄发现一些干部面对风沙、盐碱、内涝灾害出现了畏难情绪。为进一步鼓舞士气、摸清灾情，焦裕禄带领干部组成“三害”调查队，查风口、探流沙、涉洪水，靠一双铁脚板，实地走访调研了兰考的一百四十九个大队中的一百二十多个大队，行程五千余里。为更好地摸清洪涝情况，焦裕禄经常在大雨时察看水势、制作流向图，在实地调研、反复试验的基础上，以焦裕禄为“班长”的兰考县委作出了治理“三害”的科学决策，带领群众走上了科学治灾、团结治灾、艰苦奋斗、生产自救的道路。

正当兰考的风沙、治水、改地斗争取得节节胜利的时候，焦裕禄因奔波劳累、积劳成疾，于1964年5月14日不幸病逝。1966年2月，新华社播发长篇通讯《县委书记的榜样——焦裕禄》，人民日报刊发社论《向毛泽东同志的好学生——焦裕禄同志学习》，在全国掀起了学习焦裕禄精神的热潮。同年，河南省人民政府追认焦裕禄为革命烈士，兰考县将焦裕禄遗体迁葬在县城北黄河故堤的沙丘上。1967年，兰考县在此修建了烈士墓。

（三）

焦裕禄被习近平总书记视为人生榜样，2009年以来，他五年内三次到开封兰考视察工作，对焦裕禄精神作出了一系列概括和评价，强调要大力弘扬焦裕禄精神，学习弘扬焦裕禄对群众的那股亲劲、抓工作的那股韧劲、干事业的那股拼劲，为我们在新时代研究、宣传、弘扬焦裕禄精神指明了行动方向，提供了根本遵循。

对群众的那股亲劲，昭示着共产党人的初心和使命。焦裕禄视人民群众为父母，用自己的行动乃至生命，有力地回答了共产党人"为谁服务"这一根本的首要问题。作为县委书记，他心里惦念着兰考三十六万群众的生产、生活和吃穿用度。他对群众用真心、动真情、办实事，在群众最需要的时候，出现在群众面前，去帮助群众。他做人讲感情、做事讲担当，把群众的获得感、幸福感、安全感作为工作的出发点，很好地融洽了干群关系。他的精神像一面光辉的旗帜，向世人昭示了我们党的初心使命，体现了共产党人的公仆本色。对标焦裕禄对群众的亲劲，要坚定正确的人民立场，树立人民至上的思想根基，牢记党员干部的责任使命，增进同人民群众的感情，自觉同人民想在一起、干在一起，着力解决群众最关心最现实的利益问题，筑牢党长期执政最可靠的阶级基础和群众根基。

抓工作的那股韧劲，体现着共产党人的革命意志和斗争精神。

“三害”不是短时间内形成的，为什么一直没有治好，是因为很多干部被灾荒压垮了，没有焦裕禄这种“既然看准了，应该狠抓，抓住死不丢”的韧劲。焦裕禄曾说：“面对着当前严重的自然灾害，我们有革命的胆略，坚决领导全县人民，苦战三五年，改变兰考的面貌。”正是这种敢于直面困难的斗争态度，鼓舞了兰考干部与灾害作斗争的信心和勇气。实践告诉我们，前进道路上不会一帆风顺。面对“硬骨头”和“拦路石”，要秉承焦裕禄的那股韧劲，以咬定青山不放松的意志，发扬斗争精神，对已认定的事坚定不移，对已定下的事持之以恒，一锤接着一锤敲，一步一个脚印，以大无畏的革命意志和实际行动奋力谱写新时代的壮丽篇章。

干事业的那股拚劲，彰显着共产党人的先进性和纯洁性。焦裕禄的一生经历了工农商学兵多个角色，面对兰考最苦、最穷、最难的现实，他不等不靠，主动出击，没有条件创造条件，去战胜灾荒。他常教育党员干部要有革命胆略，要有“穷棒子”和“硬骨头”精神，敢于“在困难面前逞英雄”。他常说“干部不领，水牛掉井”“没有抗灾的干部，就没有抗灾的群众”。他注重发挥“关键少数”的引领作用和先进典型的激励作用，始终把靠前指挥、身先士卒作为自觉要求，把用心想事、激情干事、干净干事作为工作标准，带动影响了整个县委党员干部的精气神。学习焦裕禄的那股拚劲，就要深怀使命意识和责任意识，保持先进性和纯洁性，以“努力到无能为力，拚搏到感动自己”为座右铭，在困难面前敢闯敢试、敢为人先，在矛盾面前敢抓敢管、敢于碰硬，把工作当事业干，把岗位当阵地守，把奉献当本分看，始终干在实处、走在前列，努力让人生在担当、拼搏、奋进中发光出彩。

斯人逝去，初心永存。焦裕禄精神像一座丰碑，铭刻着那段难忘的斗争岁月；焦裕禄精神像一座灯塔，指引了共产党人执政为民的前进方向；焦裕禄精神更像一本永远读不完的书，让党员干部懂得如何做人、做官、做事，如何立德、立功、立业，做为民务实清廉、忠诚干净担当的好党员、好干部，让人民有更多的获得感、幸福感、安全感。在习近平新时代中国特色社会主义思想的指引下，兰考正与全国一起决胜全面建成小康社会，进而开启建设社会主义现代化的新征程。新时代焦裕禄精神必将焕发新的生机，为推动实现中华民族伟大复兴的中国梦提供强大的精神正能量！

（作者：蔡松涛）

图书在版编目（CIP）数据

为了新中国：革命烈士纪念碑碑文敬读/学习时报编辑部编.--济南：山东人民出版社，2020.9
ISBN 978-7-209-12806-3

Ⅰ.①为… Ⅱ.①学… Ⅲ.①革命烈士-生平事迹-中国-现代 ②纪念碑-介绍-中国-现代 Ⅳ.①K820.6 ②K928.8

中国版本图书馆CIP数据核字(2020)第097878号

为了新中国——革命烈士纪念碑碑文敬读
WEILE XINZHONGGUO GEMING LIESHI JINIANBEI BEIWEN JING DU
学习时报编辑部　编

主管单位　山东出版传媒股份有限公司
出版发行　山东人民出版社
出 版 人　胡长青
社　　址　济南市英雄山路165号
邮　　编　250002
电　　话　总编室（0531）82098914
　　　　　市场部（0531）82098027
网　　址　http://www.sd-book.com.cn
印　　装　北京图文天地制版印刷有限公司
经　　销　新华书店

规　　格　16开（169mm×239mm）
印　　张　14.25
字　　数　140千字
版　　次　2020年9月第1版
印　　次　2020年9月第1次
ISBN 978-7-209-12806-3
定　　价　48.00元